Monika Molitor

Wicca-Rituale für jeden Tag

Monika Molitor

# Wicca-Rituale

## für jeden Tag

SILBERSCHNUR

ISBN 10: 3-89845-159-3
ISBN 13: 978-3-89845-159-8

1. Auflage 2006

Gestaltung & Satz: XPresentation, Boppard
Druck: Finidr, s.r.o. Cesky Tesin, Tschech. Rep.

Verlag »Die Silberschnur« GmbH · Steinstraße 1 · D-56593 Güllesheim
www.silberschnur.de · Email: info@silberschnur.de

# Danksagungen

Ich widme dieses zweite Buch Franzi und Chrissy – die meisten Texte in diesem Buch sind für sie geschrieben worden. Ich danke allen Probeleserinnen, vor allem Ricarda und Anna-Catharina, die mir geholfen haben, die Texte noch verständlicher zu schreiben und die mich durch ihr Interesse unterstützt haben. Ich danke meinem Mann für die Photos, ebenso Chrissy, Sophia und Alexandra, die eigene Photos oder sich selbst für Photos zur Verfügung gestellt haben.

# Inhaltsverzeichnis

# Einleitung

Die Jahreskreisfeste sind unbestritten die Höhepunkte im Hexenjahr, wenn eine Hexe der Wicca-Tradition angehört. Doch nach meinem ersten Buch wurde ich des Öfteren gefragt: Was tut eine Hexe zwischen den großen Ritualen? Wie lebt sie Magie im Alltag, wie Spiritualität?

Nun, außer den acht Jahreskreisfesten gibt es noch die Vollmondfeste, in der Regel 13 im Jahr. Während die Jahreskreisfeste auch Sabbate genannt werden, heißen diese Vollmondfeste Esbat. In diesem Buch findest du zwei Beispiele für Mondrituale: ein kleines Vollmond- und ein Neumondritual. An Vollmond ist eher Raum für Rituale und Gebete der Fülle, der Fruchtbarkeit und Dankbarkeit. Der Neumond eignet sich dagegen eher für Orakelrituale, der abnehmende Mond für Rituale des Loslassens und der zunehmende Mond schließlich ist gut für Ritualthemen, bei denen es ums Aufbauen und das Wachsen von Energie geht. Anhand eines Mondkalenders lässt sich Magie im Alltag erleben, denn er bietet eine gute Möglichkeit, um im Rhythmus mit dem Mond zu leben.

Für die meisten Hexen gehören auch regelmäßige Orakel zu ihrem Alltag. Je nachdem, welche Orakeltechnik eine Hexe erlernt hat, legt sie für sich oder andere öfter die Karten, deutet die Runen oder pendelt etwas aus. Im Laufe der Zeit legt sie dann meist seltener Orakel für sich selbst, sondern sie wird häufiger von Freundinnen oder Fremden um eine Orakelberatung gebeten – fast alle Hexen kennen das. Das kann ein

Rat zu einem Orakel sein, ein Rat zu einer Krankheit, einem Heilkraut, einem Traum oder eben doch ein ganz einfacher Rat zu Spiritualität und Lebensalltag.

Viele Hexen mögen es, sich hin und wieder mit Gleichgesinnten auszutauschen, doch auch hier geht jede ihre eigenen Wege. Die eine trifft sich öfter mit anderen Hexen zu einem Hexenstammtisch, die andere sucht eher den Austausch über das Internet. Ich tausche mich häufig mit anderen Menschen zu den Themen Magie, Esoterik und Hexen aus, auch wenn ich nicht direkt um Rat gefragt werde. Der Austausch kann über Briefe, Emails, Telefon und Internet erfolgen. Es ist einfach wichtig, mit gleichgesinnten Menschen in Kontakt zu kommen und zu bleiben. Leider habe ich nur selten die Energie, abends noch mal nach der Arbeit zu einem Hexen- und Heidenstammtisch zu gehen, die es in den größeren Städten etwa 1- bis 2-mal im Monat gibt. Aber wenn ich mich dazu aufraffe, ist es meist ganz schön und macht Spaß. Bei diesen Treffen geht es nicht nur um den Austausch magischer Rezepte, guter Buchtipps und Kräutermischungen, sondern es wird auch oft diskutiert, was Hexen eigentlich dürfen: Was glauben sie, was verbindet sie, und nach welchen Regeln richten sie ihr Handeln aus? Daraus ergeben sich oft spannende Gespräche.

Eine Form der alltäglichen Magie ist dann wieder die Küchenmagie, Magie, die beim Zwiebel- und Kräuterschneiden passiert. Ich wähle oft bei kleineren Alltagsbeschwerden Kräuter für einen Tee aus, bevor ich eine Tablette nehme, oder ich suche Kräuter für Salate und Speisen aus. Auch im Bad findet Magie im Alltag statt, wenn ich mir z. B. bewusst eine Körperlotion oder ein Bad mit einem bestimmten Duft aussuche, um eine Stimmung zu verstärken oder einer Stimmung entgegenzuwirken. Aus denselben Gründen wähle ich bewusst eine bestimmte Kleiderfarbe aus, statt – wie die meisten Menschen – nach rein modischen Gesichtspunkten. Denn die

Farben der Kleider, die wir den ganzen Tag tragen, sind eine Art Farbtherapie für uns selbst. Wenn ich schlecht geerdet bin, ziehe ich beispielsweise bewusst braune Kleider an. Wenn ich mich luftig fühle und mir das Gefühl erhalten will, wähle ich weiße oder zartblaue Kleider. Schwarze Kleidung verschluckt viel von unserer eigenen Farb- und Gefühlsstimmung, sie kann dir daher helfen, dich zusammenzureißen und zu schützen. Wenn du aber traurig bist oder gar depressiv, solltest du diese Stimmung nicht noch mit schwarzer Kleidung verstärken. Wähle dann lieber helle, warme, freundliche Farben wie ein sonniges Gelb oder Orange. Die bewusste Wahl der Farbe der Kleider hängt auch mit der für viele Hexen wichtigen Chakrenlehre zusammen, auf die ich in den späteren Kapiteln noch genauer eingehen werde.

Eine tagtägliche magische Übung ist für manche Hexen auch das Traumtagebuch. Da Träume für mich ein wichtiger Orakelweg und ein bedeutsamer Zugang zur Anderswelt sind, bemühe ich mich sehr, sie konsequent aufzuschreiben. Einige meiner Freundinnen tun dies auch, und bei rätselhaften Träumen fragen wir uns gegenseitig um Rat. Ebenso wichtig ist das Gefühlstagebuch, um mir meine innere Klarheit zu bewahren.

Meditation und Trance machen darüber hinaus einen weiteren wichtigen Bestandteil des Hexenalltages aus. Es muss nicht immer die große klassische Meditation sein, es gibt auch kleinere Formen spiritueller Übungen zum Meditieren. Du kannst somit auch einen meditativen Spaziergang machen oder eine kleine Andacht vor dem Hausaltar halten. Dazu reicht es oft, einfach einmal kurz die Kerzen anzuzünden, ein wenig zu räuchern und zu sagen: »Göttin, hier bin ich, ich höre und vertraue auf dich.«

Ebenso ist es mir wichtig, regelmäßig auf dem Hausaltar für frischen Blumenschmuck und Kerzen in den Farben der Jahreszeit zu sorgen. Diese kleinen meditativen Übungen mache ich

nicht immer täglich, aber mindestens einmal in der Woche. Zwischen den Jahreskreisfesten kommt oft ein Zeitpunkt, an dem sich die Zeitenergie ändert von der Zeit nach dem letzten Fest zur Zeit vor und in Vorbereitung auf das nächste Fest. Da ändere ich dann oft die Dekoration auf dem Hausaltar. Dieser Wechsel hängt auch manchmal von der Wetterlage ab. Es ist spannend, ein Gefühl dafür zu bekommen, wann fühle ich noch den Spätsommer (z. B. die Zeit nach Schnitterin), und wann beginnt draußen in der Natur eine immer klarere Vorstimmung von Herbst. In dieser Zeit treffe ich mich dann gerne mit einer anderen Frau aus dem Ritualkreis, um das nächste große Hexenfest vorzubereiten.

Spiritualität und Magie im Alltag zeigen sich auch in kleinen Gebeten und Ritualen. Beim Frühstück lese ich immer einen kurzen spirituellen Text. Es gibt Tagesmeditationsbücher, die für jeden Tag des Jahres einen kurzen Besinnungstext enthalten. Manche lesen sie gerne morgens, bevor der Tag beginnt, manche abends. Zu kleinen Alltagsritualen gehört auch eine Kerze auf dem Esstisch oder ein kurzes Tischgebet. Bevor ich esse, danke ich oft: »Danke für Mutter Erde, die die Nahrung und die Tiere wachsen lässt, und danke den Händen, die die Speisen zubereitet haben.« Es ist nur ein kurzer Vers, aber er macht mir klar, dass tägliches Essen etwas ist, wofür ich danken kann, weil es nicht alle Menschen auf diesem Planeten haben.

Einen aktiven Zauber wirke ich dagegen seltener. Ich ziehe öfter mal einen Schutzkreis um mich, bevor ich in eine schwierige Situation gehe, oder ich wähle ein Amulett, bevor ich aus dem Haus gehe. Das kann ein kleines Pentagramm sein, aber auch ein Mineral, ein Stein oder eine Feder. Oft benutze ich Postkarten mit Bildern von Göttinnen als Lesezeichen. Einmal fiel mir so ein Lesezeichen aus dem Buch in einem schwierigen Gespräch mit dem Professor, bei dem ich meine Diplomarbeit schrieb. Er erkannte die Göttin – und das Gespräch nahm auf einmal einen ganz anderen Verlauf, wir sprachen über die alten Götter Griechenlands und unsere Schulzeit an humanistischen Gymnasien. Irgendwie war

diese herunterfallende Postkarte eine kleine Hilfe der Göttin in dem Gespräch gewesen. Magie im Alltag heißt demnach auch, die Zeichen zu lesen, die die Göttin dir schickt. Ich meine die kleinen Zeichen im Alltag, nicht die großen dramatischen Orakel. Das kann ein Vogel sein, der auffliegt, während wir spazieren gehen, oder eine Feder oder ein Schneckenhaus auf dem Weg ...

Ich lese ferner nach wie vor gerne Bücher über Magie, Orakel und Hexenkunst, bilde mich weiter und bleibe offen für neue Anregungen. Manchmal lese ich im Urlaub auch Fantasyromane, denn dort kann einiges an esoterischem Wissen in spannender Form vermittelt werden. Generell bleibe ich aber mit Magie in Kontakt, indem ich weiter Texte für Junghexen schreibe und so meine Erfahrungen weitergebe.

Aber da jede Hexe individuell ist, kann der Hexenalltag auch ganz verschieden aussehen: Es gibt Hexen, die eher naturreligiös leben oder sich Wicca zugehörig fühlen. Genauso gibt es aber auch Magier, die christlich orientiert bleiben. Es gibt Hexen, die treffen sich in Coven und es gibt »Freifliegende«, die alleine praktizieren (Freifliegende nennen sich Menschen, die sich an der Wicca-Tradition und an anderen Traditionen orientieren, aber sonst ihren eigenen Weg gehen). Es gibt ganz verschiedene Begabungen und Interessen unter Hexen: Hexen, die wahrsagen oder hellsehen oder sich eher als Priesterinnen fühlen. Und wenn sie wahrsagen, gibt ja so viele verschiedene Orakeltechniken ...! Es gibt Hexen, die heilend tätig sind, und andere haben damit gar nichts am Hut. Es gibt Hexen, die ganz normal in der Stadt leben und jeden Tag ins Büro gehen, andere wiederum leben auf dem Land und haben einen großen Kräutergarten. Manche Hexen schreiben Bücher, geben Kurse und Beratungen. Andere leben ganz normal einen Beruf und geben sich nur Gleichgesinnten zu erkennen. Manche Hexen leben so eine Mischung wie ich, dass sie einerseits einen ganz normalen Beruf haben, aber daneben in geringer Zahl Beratungen und Kurse geben und sich zu den Festen mit Gleichgesinnten treffen. – Hexen sind also so verschieden, wie es auch normale Menschen sind. Manche sind warmherzig und hilfsbereit, andere sind nur auf Geld aus und verkaufen ihr Wissen zu einem hohen Preis. Es gibt hilfsbereite Hexen – und Hexen, die ihr Wissen auch einsetzen, um anderen zu schaden oder um ihre persönliche Macht zu erweitern. Daher gehört zum Hexenalltag auch die Frage: Was dürfen Hexen alles? Wofür dürfen und wozu wollen sie ihre Macht einsetzen?

Wenn Hexe sein für dich bedeutet, dass man mit der Natur im Einklang lebt und lernt, auf sein Gefühl zu hören, dann sind unsere Vorstellungen hier sehr ähnlich. Hexen halten nicht jeden Tag Rituale ab und sagen nicht ständig Zaubersprüche auf. Aber die meisten bauen die Magie schon in den Alltag ein in Form von kleinen Ritualen, die sie zwischen den großen Festen praktizieren. In den folgenden Kapiteln dieses Buches erhältst du einige Anregungen für deinen magischen Alltag. Nimm dir davon, was dich anregt, was dir gefällt und was gut für dich ist. Vielleicht kannst du noch nicht alles verwirklichen, was hier beschrieben ist, vielleicht brauchst du noch etwas Geduld auf deinem weiteren Weg als Junghexe. Aber auf alle Fälle wünsche ich dir viele magische Ideen für den Alltag – und dass deine Kräfte weiter wachsen mögen.

Dieses Buch ist eine Art Fortsetzung meines ersten Buches »Wicca-Magie für Junghexen«. Es behandelt Fragen und Themen, die sich aus dem ersten Buch ergeben haben. Beide Bücher sind voneinander unabhängig, aber ich werde in diesem Buch auf die Beschreibung und Erklärung der Grundbegriffe verzichten, die ich bereits im ersten Buch vorgestellt habe.

# I. Hexenalltag

## Wie wachsen Hexenkräfte?

Wenn du schon länger als Junghexe dabei bist, Magie zu wirken, dann ist das sicher nicht das erste Buch, das du zu diesem Thema liest. Doch vielleicht hast du dich einmal gefragt, woran du merkst, ob sich deine Hexenkräfte weiter entwickeln und wachsen? Denn gerade wenn du noch keinen Coven hast und alleine praktizierst, fehlt dir vielleicht der Vergleich mit anderen Junghexen.

Viele von uns verwenden das Wort Kraft als Ausdruck für unsere Begabungen. So betrachtet hat sich meine Kraft verstärkt, je klarer ich erst einmal erkannt hatte, welche Begabungen ich habe – und welche eher nicht. Ich bin z. B. eine starke Empathin, habe eine starke Begabung zum Wahrsagen und zum Durchführen von Ritualen, aber nur ein geringes Talent zum Hellsehen. Meine Kraft hat sich dabei erweitert, je mehr ich mir erlaubt habe, diese Begabungen zu akzeptieren, zu würdigen und durch Übungen weiter auszubilden. Hast du deine Begabungen erkannt und herausgefunden? (In meinem ersten Buch »Wicca-Magie für Junghexen« findest du dazu einen Text, der dir helfen kann, deine Anlagen herauszufinden.) Kannst du deine Begabungen schon annehmen als Geschenk, oder haderst du noch mit deinen Fähigkeiten?

Ich habe meine Begabungen von meiner Mutter geerbt, habe sie aber lange abgelehnt. Mein eigener Verstand stand mir lange im Wege, diese ganzen doch sehr unlogischen

Erlebnisse zu akzeptieren und zu würdigen. Meine Fähigkeiten sind gewachsen, als ich Gleichgesinnte getroffen habe. Vielleicht kennst auch du dieses unnachahmliche Gefühl, wenn du das erste Mal jemandem gegenüberstehst, der nicht zu deiner Familie gehört und der dein Tun nicht als Aberglauben und Humbug abtut, sondern der sagt: »Ja, das kenne ich auch, wie lebst du denn damit? Ich lebe so und so damit …«, oder sogar: »Mir geht es genauso ...«

Die Kräfte, also die Begabungen, die wir haben, wachsen demnach in dem Maße, wie wir sie anerkennen und in unser Leben integrieren. Ein großer Schritt nach vorne war es für mich auch, als ich Personen traf, von denen ich die Techniken erlernen konnte, die zu meinen Begabungen passten, also z. B. Tarot, Astrologie und die Grundregeln rituellen Arbeitens. Um deine Begabungen nicht nur passiv zu spüren, sondern aktiv anwenden zu können, musst du meistens einige Techniken erlernen, die zu deiner Begabung passen. Es hilft dir nichts, wenn du zwar das Talent zum Wahrsagen hast, aber keine Orakeltechnik beherrschst. Es hilft dir auch nichts, wenn du heilende Kräfte hast, aber keine Heilmethode kennst oder dir nicht wenigstens ein minimales medizinisches Grundwissen angeeignet hast.

Dann wuchsen meine Kräfte in dem Maße, wie ich mir immer öfter und immer regelmäßiger die Zeit nahm, Rituale durchzuführen, um den Kontakt zur Göttin als der eigentlichen Quelle der Kraft zu verstärken. Auch mein Vertrauen in die göttliche Kraft ist im Laufe der Zeit gewachsen, so dass ich öfter gelassener mit einer Situation umgehen kann. Je mehr ich mir erlaubte, in die Welt der Magie einzutreten, umso öfter machte ich die Erfahrung, getragen und begleitet zu sein. Je häufiger ich meditierte oder in Trance ging, umso tiefer konnte ich in die Anderswelt reisen oder andere Wirklichkeitsebenen erfahren. Je häufiger ich astrologische Beratungen gab, umso genauer wurde mein Gespür für die Übersetzung der astrologischen Prinzipien in den Alltag.

Wenn ich heute meine, dass meine Kräfte im Laufe der Jahre gewachsen sind, dann meine ich: Ich wahrsage seit vielen Jahren mit Tarot, und die Leute, die zu mir kommen, vertrauen mir immer mehr. Die Bilderwelt des Tarots ist mir heute so vertraut wie eine innere Heimat. Ich führe seit vielen Jahren selbstständig Rituale für mich alleine oder für andere Menschen durch und traue mir heute zu, Rituale von 3 bis 5 Stunden mit 10 bis 13 Teilnehmerinnen zu leiten, zu planen und durchzuführen. Ich traue mir zu, neue Rituale zu entwickeln, für ganz spezielle und persönliche Anlässe. Auch der Rhythmus der acht Jahreskreisfeste ist mir so sehr in Fleisch und Blut übergegangen, dass es mir unmöglich ist, ein Fest auszulassen. Der Hausaltar in meinem Zimmer ist so sehr Bestandteil meines Alltages, dass es sehr selten vorkommt, dass ich vergesse, frische Kerzen und frische Blumen hinzustellen. Ich führe außerdem seit vielen Jahren regelmäßig und konsequent ein Traumtagebuch, so dass ich in der Deutung meiner Träume und der Träume anderer Menschen inzwischen sehr sicher bin. Mein Traumkanal ist so geöffnet und geklärt für Botschaften, die mich oft nur auf der Traumebene erreichen.

Du siehst, das Anwachsen von Kraft kann ein sehr langwieriger Prozess sein, es geschieht nicht einfach so über Nacht und nicht nur durch die Erkenntnis, eine Hexe oder ein Magier zu sein. Aber diese Erkenntnis ist ein erster Schritt dazu, deine Kräfte und Begabungen anzuerkennen und weiter zu entwickeln. Auch das Können eines sehr begabten Klavierspielers beispielsweise entwickelt sich nur durch üben, üben, üben und viele Auftritte.

In diesem Sinne wünsche ich dir viel Freude bei der Entdeckung und Entwicklung deiner Kräfte und Begabungen, aber auch Geduld. Du kannst viel erreichen, wenn du stetig versuchst, deinen Hexenalltag weiter zu entwickeln – und das Lernen hört nie auf.

Fragen zum Nachsinnen:

Wie lange interessierst du dich schon für Magie?

Woran merkst du, dass deine Kräfte oder dein Wissen wachsen?

Wo traust du dir jetzt mehr zu als zu Anfang deiner magischen Laufbahn?

Hast du Gleichgesinnte gesucht oder getroffen, mit denen du dich austauschen kannst?

## Das Interesse für Magie neu beleben

Wenn du damit begonnen hast, dich mit Magie zu beschäftigen, dann erlebst du anfangs oft eine Phase des Suchens, die auch etwas mühselig sein kann. Die ersten Bücher, die du liest, sind vielleicht schwieriger als gedacht. Es ist alles etwas anders, als du es dir vorgestellt hast, und du verstehst einiges in den Büchern nicht auf Anhieb. – Wenn du dann aber einige stimmige Bücher entdeckt hast, sich dein Wissen erweitert, oder wenn du im Internet auf Gleichgesinnte gestoßen bist, dann gibt es oft eine euphorische Phase. Auch die Aufnahme in deinen ersten Coven kann so eine enthusiastische Phase auslösen. Du triffst Gleichgesinnte, oder du triffst wenigstens auf die richtigen Bücher, du hast schon einiges ausprobiert. Vielleicht stellen sich erste Erfolge ein, dein Interesse wächst, oder du erlebst, wie sich dein Glaube und deine Spiritualität entwickeln.

Wenn du dich länger mit Magie beschäftigst, gibt es aber nicht nur solche euphorischen Phasen, sondern es gibt auch Situationen, in denen du durchhängst. Dein Interesse oder deine Ausdauer beim Üben hat nachgelassen, und du weißt vielleicht gar nicht so genau, woran das liegt. – Es gehört zum Hexenalltag, dass wir nicht jeden Tag die gleiche Energie haben für unsere magischen Übungen. Etwas Disziplin gehört schon dazu, aber dein Junghexenleben soll dir ja auch Spaß machen. Wenn dein Interesse für Magie oder deine magischen Aktivitäten also eine Zeit lang nachgelassen haben, kann das verschiedene Gründe haben. Vielleicht hast du Magie anfangs erst einmal gebraucht, um ein paar Probleme zu lösen, also z. B. um mit Einsamkeit oder einem Liebesproblem zurecht zu kommen. Dann kann es sein, dass Magie für dich zunächst wieder uninteressanter ist, wenn diese Probleme gelöst sind oder gelöst scheinen. Vielleicht wird Magie erst dann wieder anziehender, wenn neue Probleme auftauchen oder alte Probleme erneut auftauchen. Nur wenigen Menschen ist die spirituelle Seite der Magie dauerhaft wichtig – viele nutzen sie eben nur als »Problemlöser«.

Auch spirituelle Menschen müssen erst lernen, sich regelmäßig Zeit für die Götter zu nehmen. Aber gerade in stressigen Zeiten ist es eigentlich wichtig, sich Ruhe und Kraft aus spirituellen Übungen zu holen – wenn wir auch dazu neigen, das zu vergessen. Es gehört eine längere Erfahrung mit Magie und Spiritualität dazu, bis eine regelmäßige Anwendung wirklich gut im Alltag verankert ist und auch in stressigen Zeiten nicht abreißt. Vielleicht fällst du in Stresszeiten wieder in eine einfachere Vorstellung von Magie zurück und wünschst dir einen einfachen Erfolgszauber. Aber sicher merkst du bald, dass du nicht vor dir selbst davonlaufen kannst und selbst an dir arbeiten musst, um Erfolg zu haben. Sicherlich gibt es Lebenszeiten, in denen man mehr im Außen lebt, aktiver ist, eher Dinge verwirklicht, als innerlich nachsinnt und konzentriert ins Geistige geht. Es ist dennoch wichtig, dass du selbst die Beziehung zum Geistigen und zu den Göttern pflegst. Es gibt Leute, die meditieren jeden Tag zwei bis drei Stunden, aber die Zeit muss man erst einmal haben ... Ich meditiere so 1- bis 3-mal pro Woche eine Stunde bis sogar nur 30 Minuten. Aber ein meditativer Spaziergang ist für mich mindestens genauso wichtig, um in Kontakt mit den Göttern und der Natur zu bleiben. Wenn ich mir dafür zwei Wochen lang keine Zeit genommen habe, fühle ich mich wie abgeschnitten von meinen spirituellen Quellen und der Natur.

Doch manchmal gibt es auch Momente, in denen die Götter sich selbst in Erinnerung rufen, etwa durch einen Traum, durch ein einschneidendes Erlebnis oder durch einen neuen Gedanken, der wie aus dem Nichts auf einmal in dir auftaucht. – Vielleicht suchst du jetzt Ideen oder Hilfe für einen Neuanfang in Magie, einen neuen Anstoß.

## Dein magisches Coming-out

Wenn du dich schon einige Zeit für Wicca, Magie und Hexen interessierst, willst du wahrscheinlich irgendwann auch anderen davon erzählen und Gleichgesinnte treffen. Vielleicht gehörst du zu denen, die sehr schnell damit »rausrücken«, die von Anfang an unübersehbar mit einem dicken Pentagramm um den Hals herumlaufen oder es jedem und jeder erzählen – ohne Rücksicht auf Verluste. Vielleicht machst du dir aber auch Sorgen, wie du darüber sprechen sollst oder wem du davon erzählen kannst – und wem besser nicht? Vielleicht hast du bei einigen Leuten auch schon schlechte Erfahrungen gemacht, wenn du von deiner neuen Lebensphilosophie oder deinem Hobby erzählt hast? Wie gehst du nun am geschicktesten vor? Wo ist ein klares Bekenntnis sinnvoll, wo darf sich auch eine Hexe vor Missverständnissen schützen?

Die Personen, mit denen du zusammenlebst, bekommen dein Interesse für die Magie meist ohnehin mit, selbst wenn du wenig darüber sprichst. Das können deine Eltern oder Geschwister sein, die merken, was du dir für dein Taschengeld kaufst, was für eine Art Schmuck du trägst oder dass du dir einen Hausaltar baust. Hier ist es wichtig, dass du für Verständnis wirbst, dass du mit deinem Hobby auch in Ruhe gelassen wirst. Keine Junghexe ist begeistert, wenn sie in einer Meditation gestört wird, wenn jemand ihr magisches Tagebuch liest, wenn die kleine Schwester ein paar Tarotkarten verknickt oder wenn jemand in ihren magischen Utensilien wühlt und sie zweckentfremdet. Suche dir eine sichere Schublade für die magischen Utensilien, die nur du berühren solltest, und erkläre immer wieder, dass du Respekt und Toleranz brauchst für deine neue Lebensweise. Leider erlebe ich es manchmal, dass Eltern ihren Kindern jedwedes Hobbyhexen verbieten und die Junghexen dann alles verheimlichen müssen. Es ist aber sehr schwer, ein ernsthaftes Interesse oder eine Lebensphilosophie ständig zu verheimlichen. Grausam finde ich es, wenn ein junger Mensch gezwungen wird, seine magische Ausrüstung wegzuwerfen.

Wie kannst du so eine Konfrontation vermeiden? Vielleicht kannst du deine magische Ausrüstung eine Zeit lang bei einer guten Freundin sicherstellen. Lies vielleicht auch noch einmal den Text an die Eltern aus dem ersten Buch, darin steht u. a., dass die häufigsten Missverständnisse im Zusammenhang mit Wicca daraus resultieren, dass Wicca mit Satanismus oder schwarzer Magie verwechselt wird – und die Eltern schlicht Angst haben, ihr Kind könnte in die Fänge einer gefährlichen Sekte geraten. Hier kannst du versuchen, durch ein ruhiges Gespräch aufklärend zu wirken. Wenn deine Eltern überzeugte Christen sind, wird es allerdings schwerer für dich. Manche Junghexen helfen sich hier, indem sie auf ihrem Hausaltar christliche Sinnbilder zusammen mit Wicca-Symbolen dekorieren. Einige Theologinnen finden z. B., dass der Gottesmutter Maria viele Elemente der alten Göttin in der Verehrung zugeordnet wurden, um vom Kult der alten Göttin abzulenken. Du kannst also auch eine kleine Marienstatue auf dem Hausaltar haben, solange du noch zu Hause lebst, und weißt dann trotzdem, dass ein Teil der alten Göttin dort repräsentiert ist. Alle Gottesbilder sind nur Spiegelungen der einen göttlichen Kraft.

Keine Freude wirst du allerdings mit deinem Bekenntnis zu Wicca und Magie haben, wenn du deine Eltern zu missionieren versuchst – oder deine Eltern dich. Vielleicht könnt ihr euch soweit einigen, gegenseitig Respekt vor der spirituellen Suche und den Ansichten des anderen zu haben.

Wenn du Schulfreundinnen von deinem neuen Hobby erzählst, kann dir im Grunde das Gleiche passieren wie mit deinen Eltern. Du wirst unter Umständen für eine Satanistin gehalten oder für das Opfer einer Sekte. Hier kannst du versuchen zu erzählen, dass Wicca mit Satanismus nichts zu tun hat, weil es schon aus historischen Gründen unlogisch wäre: Wicca bezieht sich auf die vorchristlichen Götter. Der Teufel, wie wir ihn kennen, ist aber eine Figur der Buchreligionen, die die vorchristlichen Götter verdrängen wollten. Du kannst so argumentieren, dass alle Ritualkreise unabhängig sind und dass im Wiccakult die Freiheit einer jeden einzelnen Hexe das oberste Gebot ist. – Dennoch wirst du nie alle vom Gegenteil überzeugen können.

Es kann dir natürlich auch passieren, dass deine Schulfreundinnen erst einmal begeistert sind, weil ihr entdeckt, dass ihr euch alle irgendwie dafür interessiert. Nach einiger Zeit merkst du vielleicht, dass einige aber nur ein sehr oberflächliches Interesse an der Magie haben. Sie wollen nur »Buffy«, »Charmed« oder »Sabrina« sehen, wollen eventuell ein paar Zaubersprüche sammeln, haben aber sonst kein ernsthaftes Interesse an Wicca. Dann fühlst du dich vielleicht auch einsam oder missverstanden. Vielleicht wirst du auch auf die Probe gestellt, weil andere eine Bilderbuchvorstellung von Magie haben, und es dann heißt: »Hilf mir mit Magie bei der nächsten Matheklausur!«, oder »Hilf mir, meinen Liebsten zu verzaubern!«

Das sind gefährliche Fallen in deiner magischen Laufbahn. Ich würde dir dringend davon abraten, deine magischen Künste zu schnell mit solchen Dingen zu belasten, da diese Vorstellung von Magie zwar weit verbreitet, aber eben sehr oberflächlich und unrealistisch ist. Vielleicht wirst du dann ausgelacht, wenn du keine Beweise deiner magischen Begabung vorlegen kannst, auch das ist leider möglich. Steh es durch, und rappele dich wieder auf, sie haben keine Ahnung, was eine echte Junghexe kann! Wenn sie aber sehen, was du aus deinem Leben und deinem Alltag machst, kommen sie vielleicht eher ins Grübeln.

Lehrern gegenüber wäre ich ebenfalls sehr vorsichtig, dich mit deinem Interesse für Magie zu outen, denn es kann auch hier einige Missverständnisse geben. Dennoch gibt es einige Religions-, Ethik- oder Philosophielehrer, die sehr offen mit dem Thema umgehen können. Du kannst dein Interesse z. B.

einbringen, wenn ihr das Thema Weltreligionen im Unterricht behandelt (in Amerika ist Wicca bereits offiziell als Religion anerkannt). Ebenso kannst du das Thema einbringen, wenn ihr mal das Thema Sekten behandelt. Da kannst du nämlich gut argumentieren, warum ein freier Wiccakult keine Sektenkriterien erfüllt, aber ab wann eine Sektengefahr bestehen würde. Vielleicht begegnet dir Magie aber auch im Deutschunterricht, wenn ihr Goethes Faust durchnehmt. Die Vorstellung von Magie, Teufeln und Hexen, die Goethe dort beschreibt, ist sehr alt und sehr verbreitet.

Wenn du schon eine Lehrstelle hast, im Studium bist oder einen ersten Job hast, wäre ich auch sehr vorsichtig, dich als bekennende Junghexe zu zeigen. Ich würde zu einem Vorstellungsgespräch niemals mit einem offen sichtbaren Pentagramm am Hals erscheinen – sehr wohl kann ich es aber unter der Kleidung tragen und mich dadurch gestärkt und geschützt fühlen. An den Universitäten ist der Umgang oft noch etwas freier.

Falls du in einem Büro jobbst oder arbeitest, solltest du von der Arbeit aus nicht im Internet zu Hexenhomepages surfen. Das kann üble Folgen haben, denn alle Internetverläufe werden etwa 14 Tage lang gespeichert und der Admin deiner Firma kann jederzeit nachvollziehen, wo du so rumgesurft bist. Wenn dann jemand von der Firma nachlesen kann, welche Forumsbeiträge du während der Arbeitszeit geschrieben hast, kannst du einige Schwierigkeiten bekommen ...

Viele Hexen arbeiten in sozialen Berufen oder in Heilberufen – und diese Arbeitsplätze sind meist fest in christlicher Hand, gehören zur Diakonie oder zur Caritas. Leider erlaubt der Gesetzgeber diesen »Tendenzbetrieben« einige arbeitsrechtliche Freiheiten, so dass du auch hier einigen Ärger bekommen kannst, wenn du dich klar zu Wicca bekennst. – Du musst ja trotzdem nicht so tun, als ob du eine engagierte

Christin wärst, wenn du es eben nicht mehr bist, aber du kannst auch einfach schweigen. Schweigen zu können ist eine wichtige magische Kunst ...

Fragen zum Nachsinnen:

Wem hast du schon gesagt, dass du dich für Hexen und Magie interessierst?

Was für Erfahrungen hast du damit gemacht?

Hast du Situationen erlebt, in denen du es bereut hast, so offen gewesen zu sein?

## Gleichgesinnte finden

Du wirst bemerken, dass dein Bedürfnis, endlich Gleichgesinnte zu treffen, die verstehen, was du meinst und wofür du dich interessierst, nach einiger Zeit wächst. Vielleicht willst du eine Brieffreundin finden, die ebenfalls eine Junghexe ist, oder du möchtest einen Briefwechsel mit einer erfahrenen Hexe aufnehmen, der du Fragen stellen kannst und die dir hilft beim Einstieg in die Magie. Am liebsten hättest du natürlich eine magische Freundin direkt um die Ecke oder am besten einen Hexenzirkel, einen Ritualkreis, einen Coven, der dich aufnimmt und dich einweiht ...

Darauf musst du aber eventuell noch länger warten. Zwischen meinem Wunsch, so einen Zirkel in meiner Nähe zu finden, und meiner ersten Aufnahme in einen Ritualkreis vergingen drei Jahre. Viele Coven nehmen außerdem nur Mitglieder ab 18 Jahren auf, genauso kannst du an vielen Workshops auch erst mit 18 Jahren teilnehmen. Bis dahin hast du aber schon Zeit, dir einiges Wissen auf anderen Wegen anzueignen. Du kannst schon Bücher lesen, dir eine erste Ausrüstung zulegen und dich mit Gleichgesinnten austauschen.

Wie kannst du Gleichgesinnte treffen? Nun, das Internet ist für viele ein Weg, zu einem Austausch und zu Brieffreundschaften zu kommen. Lass dir aber keine teuren Fernkurse verkaufen, denn leider gibt es inzwischen einige Leute, die mit unseriösen Fernkursen viel Geld verdienen. Überlege dir lieber vorher, wie viele Bücher du dir für das Geld leisten könntest ... Bei den meisten Homepages für Heiden und Hexen kannst du einen Suchaufruf nach Kontakten in das Forum stellen. Dabei ist es sinnvoll, grob zu sagen, in welcher Gegend du wohnst, wie alt du bist und ob du eher gleich alte oder ältere, erfahrene Leute treffen willst. Um dich vor unehrlichen Kontakten zu schützen, ist es zudem sicherer, wenn du erst einmal nur deine Emailadresse angibst und erst nach ein, zwei Emailwechseln mit deinem Namen und deiner Telefonnummer herausrückst. Wenn es bei einer Homepage gar nicht geklappt hat, kannst du es noch bei einigen anderen versuchen.

Bei einem ersten Treffen rate ich meistens zu einer neutralen Umgebung. Begib dich nicht unbedarft in die Wohnung wildfremder Leute, nur weil sie angeben, spirituelle Leute, Magier oder Heiden zu sein, denn manch ein Mann hat beim Stichwort Junghexen leider eher sexuelle Vorstellungen. Genauso lasse niemand völlig Unbekannten beim allerersten Treffen in deine Wohnung. Ein erstes Treffen ist immer sicherer in einer Kneipe, einem Café oder Restaurant.

Unter der Internetadresse www.info.at/heidenstammtische oder unter www.Sternenkreise.de kannst du Adressen von Stammtischen und Coven in ganz Deutschland, der Schweiz und in Österreich erfahren. Natürlich kostet es ganz schön Mut, das erste Mal hinzugehen, aber vielleicht kannst du ja deine Freundin mitnehmen. Ihr müsst keine überzeugten, fertig ausgebildeten Hexen sein, um zu so einem Treffen zu gehen, denn viele Kreise freuen sich über »Nachwuchs«. Ein Nachteil dieser Hexenstammtische ist leider, dass sie meistens nur in größeren Städten und eher abends stattfinden. Es gehen auch eher Erwachsene hin, die tagsüber eben arbeiten müssen und mit einem Auto auch gut einen etwas weiteren Weg in Kauf nehmen können.

Manche suchen dagegen nicht nur einfach Kontakt zu Gleichgesinnten, sondern eine Lehrerin, einen Mentor oder eine Mentorin. Ihr habt vielleicht schon einige Bücher darüber gelesen, was es heißt, eine Hexe oder ein Magier zu sein. Aber ihr habt wahrscheinlich auch bemerkt, dass ihr nur über die Bücher einiges nicht versteht und jemandem braucht, dem ihr gezielt Fragen stellen könnt. Du würdest also gerne einmal mit einer erfahrenen Hexe reden oder zusammen mit ihr dein erstes Ritual erleben? Wenn du aber zu einem Stammtisch gehst, kann es dir passieren, dass du vielleicht nette Leute kennen lernst, aber dass dein Wunsch nach einer Lehrerin auf Erheiterung oder Verwunderung trifft. – Du verstehst das vielleicht zuerst nicht. Du willst ja schließlich keinen Guru suchen, der dich unselbstständig und abhängig macht, sondern du suchst einfach eine vernünftige, erfahrene Person, die dir die Dinge beibringt, die du aus den Büchern alleine nicht lernen willst oder kannst. In der Tat ist für einige Hexen und Heiden der Ausdruck »Lehrerin« oder »geistiger Lehrer« eher negativ besetzt. Manche denken dabei wirklich gleich an Gurus oder Sekten. Ebenso musst du wissen, dass die wenigsten Hexen und Heiden meiner Generation persönliche Lehrer gehabt haben. Viele Erwachsene buchen zwar hin und wieder einzelne Workshops bei bekannten Hexen, würden aber nie sagen, dass sie damit eine persönliche Lehrerin gefunden haben. Viele Hexen meiner Generation haben sich die Fähigkeiten und Künste der Magie selbst angeeignet oder nur zusammen mit Gleichgesinnten aus Büchern gelesen und geübt. Da es also viele solcher »Selbstausbildungshexen« gibt, kann es auch häufig sein, dass du die Antwort bekommst: »Du brauchst keine Lehrerin, das kannst du dir doch alles selbst beibringen ... !« Das passt nun aber wieder gar nicht zu deinem Gefühl, dass du aus Büchern alleine ohne Gleichgesinnte oder Erfahrene eben nicht so weit gekommen bist. Hinzu kommt, dass sich zwar immer mehr Hexen und Heiden auch in Kneipen bei Stammtischen oder zu Coven zusammenfinden, dass aber nur ein kleiner Teil von ihnen Bücher schreibt, Kurse gibt und unterrichtet. Manche lehnen es ab, manche haben keine Energie dazu neben ihrem normalen Alltag und manchen liegt es einfach nicht zu unterrichten. Einige Stammtische haben aber schon Lernkreise gegründet.

Wie also kannst du eine Lehrerin oder Mentorin finden? Wenn keine Person auf einem Stammtisch bereit ist, dich etwas unter die Fittiche zu nehmen oder du keinen Stammtisch in der Nähe findest, bleibt dir immer noch der Weg einer Fernausbildung oder einer guten Brieffreundschaft mit einer erfahrenen Hexe. Bei einer Fernausbildung solltest du aber einige Dinge beachten: Unterschreibe auf keinen Fall Verträge, die dich für ein halbes Jahr oder länger binden und zu einer hohen finanziellen Gegenleistung verpflichten, bevor du die Person etwas näher kennen gelernt hast. (Wenn du so etwas aber unterschrieben haben solltest, so ist es je nach Alter eventuell noch gar nicht juristisch bindend. Bist du jünger als 18 Jahre, kann so ein Vertrag problemlos von deinen

Eltern wieder aufgelöst werden.) Aber auch als Erwachsene brauchst du erst einmal eine Probezeit, damit du und deine Lehrerin euch kennen lernen könnt. Ein seriöser Fernkursanbieter wird sich außerdem immer nach deinem Alter erkundigen und erst mit dem Kurs starten, wenn du mindestens 14 Jahre alt bist. Denn erst dann bist du »religionsmündig«, kannst dich also selbst für religiöse Dinge entscheiden. (Was sogar heißt, dass du dich vom Reliunterricht abmelden kannst, wenn du das willst.)

Eine gewisse finanzielle Gegenleistung kann deine Ausbilderin oder dein Lehrer durchaus verlangen, aber sie sollte immer auf den Rahmen deines Einkommens oder Taschengeldes achten. Schließlich brauchst du ja neben dem Kurs noch Material, wie z. B. etwas Räucherwerk, ein bis zwei Bücher, ein Pendel oder Tarotkarten. Eine faire Gegenleistung kann es daher sein, dass du die Portokosten übernimmst, also z. B. Briefmarken an deine Lehrerin schickst, oder etwas zu ihren Kopierkosten beiträgst. Faire Fernkurse werden den Preis also von deinem Alter abhängig machen, also von Schülerinnen nur sehr wenig verlangen (z. B. nur Porto- und Kopierkosten), von jungen Menschen in Ausbildung etwas mehr. Sie werden nur von erwachsenen Menschen, die im Beruf stehen, einen Stundenlohn nehmen, wie er für Beratungen und Kurse üblich ist. Bei Personen, die Fernkurse nur für wenig Geld anbieten, kannst du aber immer mit einer Warteliste rechnen. Denn solche Ausbildungskurse sind sehr begehrt, da dahinter meist seriöse und liebevolle Leute stehen, die andere eben nicht finanziell ausnehmen wollen. Das heißt aber im Umkehrschluss, dass deine Lehrerin oder dein Lehrer diesen Kurs in ihrer Freizeit anbieten, neben dem normalen Beruf, mit dem sie Geld verdienen.

Ein guter Fernkurs bietet dir per Email, Brief oder Telefon die Möglichkeit, regelmäßig Rückmeldungen zu deinen Übungen zu erhalten. Dazu hast du die Chance, genauer nachzufragen, was du nicht verstanden hast. Ein guter Kurs überlässt dir zudem selbst das Tempo, in dem du lernen möchtest. Wenn du dich allerdings wochenlang nicht mehr meldest, wird deine Lehrerin auch mal nachfragen, ob bei dir alles okay ist, oder ob du einfach im Stress bist. Auf keinen Fall sollte jemand von dir verlangen, dass du pro Woche über 100 Seiten Hexenliteratur liest und jeden Tag drei Stunden meditierst, so dass du gar nicht mehr zu deinen Hausaufgaben oder deinen normalen Alltagspflichten kommst. Ebenso sollten keine magischen Begabungen einfach vorausgesetzt werden. Zu Anfang der Ausbildung geht es ja eher darum, mit dir zusammen herauszufinden, welche Begabungen du hast. Es hilft nichts, Hellsichtigkeit und Telepathie zu trainieren, wenn die Fähigkeit bei dir gar nicht oder kaum ausgeprägt ist. Es hilft dir auch nichts, wenn jemand mit dir Tarot übt, du aber viel lieber Pendeln lernen willst. Daher ist es wichtig, am Anfang der Ausbildung zu fragen, was du von dieser Person lernen kannst. Manche unterrichten Tarot, Astrologie und Pendeln, andere den Umgang mit Runen oder Kräuterkunde usw. Im weiteren Hexenleben wirst du vielleicht später noch von anderen Menschen lernen und dein Wissen ergänzen.

Auf keinen Fall solltest du dich auf einen Fernkurs einlassen, bei dem ein Meister dich »per Telepathie prüft« oder mit dir nur per Telepathie kommuniziert. Weil er ja so ein »überlegener geistiger« Meister ist, reicht das völlig, wird er dir versichern. Diese Art von Angeboten findet sich leider manchmal. Dabei wirst du recht schnell merken, dass du auf diesem Wege viel weniger Fragen los wirst (und vor allem Antworten bekommst!), als wenn du sie ganz normal in einer Email, in einem Brief oder per Telefon stellen könntest. Ebenso wirst du feststellen, dass sich der ferne Meister nicht auf seine tolle Telepathie verlässt, wenn er dir seine Gehaltswünsche mitteilt. Der Vertrag zum Geldabdrücken kommt mit Sicherheit mit der Post!

Zusätzlich solltest du auch auf die Zeiträume achten, in denen dir die Vermittlung von Fähigkeiten angeboten werden. »Hellsehen in drei Tagen«, »Tarot in vier Wochen« oder »Astrologie in drei Wochen« sind meistens eher unseriöse Angebote. Bei vielen Orakelsystemen kannst du zwar die Grundkenntnisse in diesem Zeitraum erwerben, brauchst aber wesentlich länger, bis du einige Erfahrung und Sicherheit in der Anwendung bekommst. In dieser Zeit brauchst du aber immer noch eine erfahrene Person, der du Fragen stellen kannst. »Tarot in vier Wochen« oder »Astrologie in drei Wochen« würde bedeuten, dass du fast jeden Tag eine Frage an die Karten oder die Sterne stellen müsstest, um zu lernen. Doch das überfordert dich – und das Orakel. Schließlich willst du ja auch lernen, bei welchen Fragen es sich lohnt, ein Orakel zu befragen, und was du besser weiterhin ganz normal im Alltag nach Lust und Laune entscheidest. Keine Hexe hat jeden Tag eine so schicksalhafte Frage, dass sie drei Wochen lang jeden Tag ein Orakel braucht ...

Außer bei einer Brieffreundschaft oder in einem Fernkurs kannst du in vielen Internetforen auf erfahrene Hexen treffen, die Bücher geschrieben haben und Kurse geben, so dass du im Forum einige Fragen loswerden kannst. Dennoch ist ein direkter Email-, Brief- oder Telefonkontakt persönlicher. Du kannst einfach mehr von dir erzählen, als du es vielleicht in einem Forum tun würdest, in dem alle anderen Hexen mitlesen.

### Fragen zum Nachsinnen:

Was hast du bis jetzt unternommen, um Gleichgesinnte zu treffen?

Hast du eine Freundin, die dein Interesse mit dir teilt?

Hast du einmal versucht, eine Brieffreundschaft oder ein Internetforum zu nutzen?

Wo hat es dir dein offenes Bekenntnis zu Wicca und Magie erleichtert, Gleichgesinnte zu finden?

## Dein magischer Weg – einsam oder im Coven?

Wenn du mein erstes Buch oder das Buch »Wicca« von Scott Cunningham gelesen hast, dann weißt du, dass wir zumindest die Meinung vertreten, dass man Wicca auch alleine praktizieren kann. Vielleicht nimmst du dennoch irgendwann

Kontakt zu anderen auf und stößt auf die gegensätzliche Meinung, dass man nur in Coven oder richtigen Zirkeln eine »echte« Wicca ist. – Doch was stimmt denn nun? Vielleicht gibt es in deiner Nähe keinen Zirkel und auch nicht viele Leute, die sich dafür interessieren. Heißt das nun, dass du so lange keine echte Wicca bist, bis du einen Coven findest, der dich aufnimmt?

Das Buch von Scott Cunningham finde ich gerade deshalb so gut, weil er klar beschreibt, wie du alleine beginnen kannst, Wicca zu praktizieren. Deswegen empfehle ich es auch immer wieder gerne. Alleine Wicca aus Büchern zu lernen, zu lesen und zu studieren, ist für viele Menschen, die erst einmal keinen Zirkel in ihrer Nähe finden, der erste Weg. Daher habe ich im ersten Buch ebenfalls Übungen und Rituale beschrieben, die eine Junghexe alleine durchführen kann, um nach Wicca zu leben.

Es gibt natürlich immer Menschen, die der Meinung sind, man bräuchte einen festen Zirkel und eine Initiation (also eine feierliche Einweihung nach einer Zeit der Lehre und Probe in einem Coven), doch das halte ich für etwas dogmatisch. Manche Menschen denken zwar, dass dir über die Initiation etwas Besonderes, Göttliches von einer anderen Priesterin hinzugefügt wird. Doch für mich ist eine solche Einweihung eher eine symbolische Handlung, die ausdrückt, dass deine magische Grundlernzeit nun abgeschlossen ist.

Ich denke, was du wirklich unbedingt brauchst, ist ernsthaftes Interesse und eine gewisse Disziplin bei den Übungen. Die meisten wünschen sich darüber hinaus einen Austausch mit anderen erfahrenen Wicca. Aber den kannst du heute zum Glück auch per Internet, Email, Brieffreundschaft usw. anstreben. So kannst du also zunächst alleine beginnen zu üben und dein Wissen zu erweitern, bis du auf gleichgesinnte Menschen triffst.

Natürlich erleben es viele Menschen als einen Auftrieb und als eine enorme Bereicherung für ihr magisches und rituelles Wissen, wenn sie endlich Gleichgesinnten begegnen. Ebenso können die ersten Gruppenrituale nach langen Jahren einsamen Suchens und Praktizierens eine wahre Entdeckung sein. Du triffst vielleicht endlich Menschen, die dir deine Fragen beantworten, mit dir üben oder dich einfach dabei sein lassen. Dennoch sollte dir keine Gruppe einreden, dein langer einsamer Weg davor war vergebens und erst durch die Gruppe würdest du zu einer richtigen Wicca. Vielleicht entdeckst du ja auch, dass du dich in der Gruppe nicht so wohl fühlst und dass du lieber weiterhin alleine praktizieren möchtest. Auch das ist gar nicht so selten.

Ich habe selbst etwa 30 junge Menschen per Email als Mentorin begleitet, manche nur wenige Monate, manche 1 bis 2 Jahre lang und länger, damit sie für sich Wege finden, Wicca und Magie zu praktizieren. Sie alle hatten keinen Coven in ihrer Nähe, fühlten sich aber als Wicca und nannten sich auch so. Lass dir also nicht erzählen, du bräuchtest höhere Weihen, die dir nur andere geben können.

Manche meinen jedoch, wenn sie Wicca allein praktizieren, sie sollten sich dann nicht als Wicca bezeichnen, sondern eher als »an Wicca orientiert«. Diese Haltung geht auf die Meinung zurück, dass echte Wicca in einer engen Traditionslinie stehen, z. B. in der Linie von Gardner. In einer solchen Traditionslinie sind sozusagen die Weihen und das Wissen immer von Person zu Person weitergegeben haben. Es gibt aber viele Wicca, die nicht in diesen festen Traditionen stehen. Manche haben kleinere Traditionswege, sie stehen z. B. in einer Familientradition. Oder sie beziehen sich auf eine bestimmte mehr oder weniger bekannte Hexe, haben bei der einige Workshops gemacht und haben von ihr das rituelle Grundwerkzeug gelernt. Irgendwann haben sie dann eigene Kreise gegründet und ihre Erfahrungen selbst weitergegeben.

Manche sehen Wicca auch als einen festen Verein, in den du von autorisierten Personen aufgenommen werden musst. Für mich ist Wicca dagegen eher eine Lebensphilosophie, eine magische und spirituelle Lebensweise, der du dich zugehörig fühlen kannst, auch wenn dich niemand offiziell geweiht hat. Ich selber bin keine traditionelle Wicca, die in einer festen Initiationslinie steht – und trotzdem würde ich meinen Glauben nicht nur als »an Wicca angelehnt« bezeichnen. Manche benutzen dafür die Bezeichnung »Freifliegende«, das trifft es wohl am ehesten. »Freifliegende« sind Menschen, die sich Wicca zugehörig fühlen, aber in keinen festen Orden eingebunden sind und eben freier mit den Traditionen umgehen. Sie nehmen sich aus verschiedenen Traditionen, was ihnen stimmig erscheint.

Ich war acht Jahre in einem festen Ritualkreis, habe dann zwei Jahre alleine Rituale gefeiert und Anfang 2003 mit einigen Freundinnen einen neuen Kreis gegründet. Dennoch würde ich sagen, ich habe die ganze Zeit Wicca gelebt. Selbst wenn ich in einem Kreis die großen Feste feiere, finden doch viele tägliche spirituelle und magische Übungen alleine statt. Allerdings gehöre ich sowieso zu den Leuten, die Wicca relativ frei leben. Ich bevorzuge eine Form von Wicca, die nicht hierarchisch ist, also ohne Ränge arbeitet. Mir widerstrebt es, eine Person als Priesterin, eine andere als Hohepriesterin anzureden, und ich würde selbst auch nicht so angesprochen werden wollen. Natürlich gibt es Menschen mit mehr oder weniger ritueller Erfahrung, aber vom Prinzip her sollten sie gleichberechtigt sein im Kreis. Die Priesterin ist für mich eher eine Rolle, die jede geübte und aufmerksame Person einnehmen kann. Ich fühle mich in Coven wohler, in denen diese Rolle öfter wechselt. Insofern würde es vielleicht eher auf mich zutreffen zu sagen, dass ich von Anfang an nie eine orthodoxe (also strenggläubige) Wicca war, sondern immer nur an Wicca orientiert gewesen bin, ob mit oder ohne Coven. – Du hast das Recht, so lange zu suchen und verschiedene Möglichkeiten auszuprobieren, bis du deinen Weg gefunden hast, Wicca zu praktizieren. Und lass dir von niemandem absprechen, Wicca zu sein, solange dir die alte Religion wichtig ist.

Fragen zum Nachsinnen.

Praktizierst du Wicca eher alleine oder im Kreis?

Möchtest du Wicca eher alleine oder im Kreis leben?

Ist dir eine bestimmte Wicca-Tradition wichtig? Warum? Was weißt du über sie?

Sehnst du dich nach einer offiziellen Weihe? Warum? Was verbindest du damit?

## Einem Coven beitreten

Wenn du Wicca in einem festen Ritualkreis leben willst und keine Freundinnen findest, die mit dir einen neuen Coven gründen, machst du dich vielleicht auf die Suche, einen bestehenden Coven zu finden, um diesem beizutreten. Mit etwas Glück kannst du im Internet, in esoterischen Buchläden oder auch manchmal in esoterischen Zeitungen eine Anzeige eines Covens finden. Du nimmst Kontakt auf, und ihr vereinbart ein erstes Treffen, wobei du dich meistens erst einmal mit einer oder zwei Kontaktpersonen des Covens triffst.

Was solltest du dabei beachten? Woran merkst du, ob du an die richtigen Leute geraten bist und ob der Coven deinen Erwartungen entspricht?

Zum einen solltest du dir vor einem ersten Treffen mit jemandem aus dem Coven deine eigenen Erwartungen klar machen, denn wenn du vorher nicht genau weißt, was du willst, oder was du nicht willst, kannst du auch nicht merken, ob der Coven zu dir passt. Setze dich mit den folgenden Fragen auseinander, und mache dir eine Art Checkliste deiner Erwartungen:

- Wie viel Zeit willst du dir für den Coven nehmen? Wie oft kannst du dir ein regelmäßiges Treffen vorstellen?

- Wünschst du dir einen Coven als Lerngruppe, oder möchtest du im Coven bereits Rituale feiern?

- Welche Rituale willst du feiern oder erlernen? Vollmondrituale, Jahreskreisfeste, persönliche magische Rituale?

- Ist es dir wichtig, dass vollständige Rituale gefeiert werden, oder willst du einfach eine besinnliche Feier an den heiligen Tagen nach dem Kalender der alten Religion?

- Suchst du einen Coven, weil du Magie betreiben willst oder weil du auf einer spirituellen Suche bist – oder aus beiden Gründen?

- Ist es dir wichtig, dass alle sich zu Wicca bekennen, oder fändest du auch eine Mischung aus Magie und Christentum interessant?

- Ist dir eine bestimmte Wicca-Traditionslinie wichtig (z. B. nach Gardner), oder kommst du auch gut mit »Freifliegenden« zurecht?
- Wie ist dein Verhältnis zu Satanismus? Würdest du einem Ritualkreis beitreten wollen, in dem auch satanistische Anrufungen und Praktiken gepflegt werden? Meiner Meinung nach haben Wicca und Satanismus nichts miteinander zu tun, aber es gibt leider ein paar Leute, die sich Wicca zugehörig fühlen und die Satanismus oder eine Mischung aus Satanismus und Wicca tolerieren ...
- Wie ist dein Verhältnis zu rechtsradikalen politischen Anschauungen? Würdest du dich in einem Coven wohlfühlen, in dem einige Personen Neonazigedanken und Rassismus mit modernem Heidentum verbinden? Leider gibt es Personen, die zur Neonaziszene gehören und die sich ebenfalls für modernes Heidentum interessieren. Ritualkreise können ein Deckmäntelchen für solche Leute sein, um ihren gemischten Interessen nachzugehen. Schau dir die Leute daher genau an, damit du nicht auf einmal auf den Fahndungslisten des Verfassungsschutzes auftauchst. Sonst gerätst du vielleicht in eine Szene, die mit Wicca wirklich gar nichts mehr zu tun hat, weil sie menschenverachtend und brutal ist.
- Ist es dir wichtig, wie in dem Coven mit Drogen umgegangen wird? Meiner Meinung nach sollte eine Trance oder die rituelle, meditative Stimmung im Coven durch andere Mittel wie z. B. Tanz, Singen oder Räucherungen ausgelöst werden. Kein Coven hat das Recht, dich unter Drogen zu setzen oder dir einzureden, du könntest der göttlichen Kraft mit Drogen näher sein. Eine Drogenkarriere zu starten, dürfte dein Interesse an Wicca

gegenüber deinen Freunden oder Eltern von vornherein in ein merkwürdiges Licht rücken und Anlass für ernste Sorgen sein.

- Wie soll der Ritualkreis zusammengesetzt sein? Suchst du einen Coven aus Frauen und Männern oder aus Frauen und Mädchen? Welches Alter wünschst du dir? Suchst du eher Gleichaltrige oder willst du auch, dass ein paar erfahrene, ältere Personen im Kreis sind?

- Kommst du mit einem Coven zurecht, in dem es strenge Ränge und eine offizielle Initiation gibt, oder möchtest du einen eher gleichberechtigten Coven?

- Möchtest du, dass die Treffen immer von der gleichen Person vorbereitet werden, oder wünschst du dir, dass du an den Vorbereitungen beteiligt wirst und selbst etwas dazu beitragen kannst, wie das Treffen verläuft?

Was solltest du dann beim ersten Treffen mit der Kontaktperson beachten?

Das Treffen dient vor allem dazu, dass du vor dem ersten Ritual oder ersten Gruppentreffen wenigstens eine Person aus dem Kreis in einer neutralen Situation an neutralem Ort kennen lernen kannst. Das heißt, du darfst Fragen stellen, und die Person wird dir Fragen stellen. Wenn das Treffen gut läuft, bekommst du ein paar Fragen geklärt, und die Person erhält von dir ein paar Antworten. Auf keinem Fall solltest nur du auf Herz und Nieren geprüft werden und mit unbeantworteten Fragen wieder nach Hause gehen. Dennoch hat jede, auch du, das Recht, einige Fragen abzulehnen, die dir zu persönlich erscheinen. Du musst deine Entscheidung, ob du dem Coven beitreten willst, auch nicht sofort im ersten Gespräch äußern, sondern kannst um Bedenkzeit bitten. Vielleicht willst du dieses aufregende erste Treffen erst einmal in Ruhe auf dich wirken lassen. Oder es fällt dir leichter, am Telefon oder per Email eine Absage auszusprechen. Auf alle Fälle solltet ihr einen Kontakt vereinbaren, wie ihr euch über den weiteren Ablauf verständigt. Und auf keinem Fall solltest du dem Coven kritiklos beitreten, nur um endlich überhaupt in einem Coven zu sein, weil du es dir einfach so sehr wünschst und du erst mal nichts Besseres findest.

Halte nach diesem ersten Date deine Beobachtungen in deinem magischen Tagebuch fest. Wie hast du dich gefühlt bei dem ersten Treffen? War dir die Person sympathisch? Wie passte das, was sie sagte, zu der Art, wie sie es sagte? Wirkte alles hochheilig und ernst, oder habt ihr auch zusammen gelacht? Wirkte die Person lebensnah und bodenständig oder entrückt und weihevoll – oder gar psychisch labil und etwas durchgeknallt? Alles ist möglich, in der Szene ist auch sehr seltsames Volk unterwegs ... Wenn die Kontaktperson gleich beim ersten Date von massiven seelischen Problemen berichtet und auf dich völlig unausgeglichen wirkt, dann hast du es vielleicht mit jemandem zu tun, der seine psychische Labilität mit Spiritualität und Magie auszugleichen versucht – ebenso ist Vorsicht geboten, wenn dir jemand mit Glatze und Springerstiefeln gegenübersitzt! Dann hast du wahrscheinlich jemanden getroffen, der Heidentum mit extremen politischen Anschauungen kombiniert. Auch wenn es vielleicht seltsam klingt, die Personen, die beim ersten Treffen eher ruhig und unauffällig wirken, statt mit Silberschmuck, Tatoos und Pentagrammen überhäuft zu sein, sind meist eher die stabileren Leute, denen du auch vertrauen kannst. – Vielleicht kommst du oder die andere Person aus dem Zirkel zu der Meinung, dass ihr nicht zusammen passt. Das ist dann vielleicht traurig, weil du weitersuchen musst. Vielleicht ist es aber auch eine Erleichterung, weil dir die Sache sowieso nicht ganz geheuer war.

Wenn ihr euch beide aber dafür entscheidet, dass du den ganzen Coven kennen lernst oder an deinem ersten Ritual teilnimmst, dann wird es wieder spannend. Wie geht es jetzt weiter? In manchen Coven werden nur zu ein- oder zwei Zeitpunkten im Jahr neue Leute oder Gäste auf Probe zugelassen. In vielen Gruppen ist das an Halloween, in anderen zu Lichtmess oder wieder ein anderes Datum. In anderen Gruppen musst du vielleicht warten, bis du 16 oder 18 Jahre alt bist. Das dient der juristischen Sicherheit im Coven. Vielleicht musst du daher also etwas auf deinen ersten Gruppenabend warten. Das macht dich vielleicht ungeduldig und frustriert dich, zeigt aber, dass die Gruppe gut für sich sorgt, denn wenn bei einem Coven an jedem Gruppenabend immer neue Leuten dazu kommen, kann eine Gruppe schlecht zusammenfinden. Frage in der Runde, worauf die Gruppe sich bezieht, ob es bestimmte Bücher gibt, die alle gelesen haben und empfehlen, oder ob die Gruppe sogar schon ein gemeinsames Buch der Schatten angelegt hat. Frage auch, wie lange die Gruppe schon besteht. Vielleicht kannst du dann schon ein Buch lesen, bis du in die Gruppe aufgenommen wirst.

Bevor ihr euer erstes Ritual gemeinsam feiert, solltet ihr euch als Gruppe kennen lernen. Das kann am Tag des ersten Rituals sein, indem für dich eine ausführliche Vorstellungsrunde gemacht wird, bevor das Ritual beginnt. Dabei wirst du vielleicht nach deinen Erwartungen gefragt, insofern ist es gut, wenn du sie dir vorher klargemacht hast. Habe den Mut, sie auch offen zu äußern. Die meisten Kreise werden dir anbieten, ein Fest oder ein Jahr lang auf Probe teilzunehmen. Überlege dir, ob du mit einer längeren Probezeit zurecht kommst. Auf alle Fälle brauchst du mindestens ein gemeinsames Ritual, eine Feier oder eine Übungsstunde mit der Gruppe, bevor du entscheiden kannst, ob du Mitglied wirst.

Achte darauf, wie dieser erste gemeinsame Abend oder Nachmittag abläuft. Verhalten sich alle relativ gleichberechtigt? In den meisten Coven gibt es eine Person, die die Älteste ist oder die Covengründerin war. Auch wenn sie nicht mit Hohepriesterin angesprochen wird, merkst du meistens ziemlich schnell, wer das ist. Ist dir diese Person sympathisch? Verhält sie sich fair und einfach erfahrungsreich, oder pocht sie auf ihr Recht und ihre Position? Oder wird sogar ein richtiger Kult um diese Person gemacht? Dann ist Vorsicht geboten.

Was sollst du zu deinem ersten Fest beisteuern? Wurde dir vor dem Treffen nicht nur mitgeteilt, wo das Fest stattfindet, sondern wurdest du auch über das Thema des ersten Abends und über deinen Beitrag informiert? Manche Coven mieten einen Raum und teilen sich die Miete. Das ist völlig in Ordnung. Wenn dir jedoch von Anfang an ein hoher Mitgliedsbeitrag abgenötigt wird, sei vorsichtig. Wenn zu einem Ritual dann auch noch regelrecht Eintritt genommen wird, hast du das Recht zu fragen, wer das Geld bekommt, und was damit gemacht wird. Dann hast du es vermutlich nicht mit einem gleichberechtigten Coven zu tun, sondern mit einer Art Workshop, der von erfahrenen Personen für Neulinge veranstaltet wird. Auch dann kannst du viel lernen, musst aber sehen, ob der Beitrag in deinen Geldrahmen passt, und ob du das willst. An einem Workshop teilzunehmen ist eine andere Rolle als in einen gleichberechtigten Coven aufgenommen zu werden.

Die meisten Covenmitglieder tragen zur Feier nach dem Ritual gemeinsam etwas zum Essen bei. Wenn du gleich selbst etwas beisteuern kannst, ist das ein gutes Zeichen, dass du von Anfang an gleichberechtigt und offen aufgenommen wirst. Wenn es ein Ritual der Jahreskreisfeste ist, wird dir vorher meist ein Festthema mitgeteilt und was du an Dekoration oder magischen Werkzeugen mitbringen sollst. Wenn du das entsprechende magische Werkzeug noch nicht hast, frage, ob du etwas anderes dafür nehmen kannst, oder ob dir jemand etwas ausleihen kann. Wenn von Anfang an eine feste Ausrüstung und Gewandung vorausgesetzt wird, dürfte es allerdings schwerer für dich sein, in den Kreis hineinzukommen.

Bevor das gemeinsame Ritual beginnt, sollte jemand den Ritualablauf erklären, und alle sollten noch mal die Chance haben zu sagen, wie es ihnen jetzt und heute geht. Wenn du ohne Erklärungen über den Ablauf in eine fremde Ritualgruppe hineinstolperst, weißt du weder, wie lange das Ritual dauern soll noch was sich die Priesterin mit dem Ritual gedacht hat noch wie die Leute dort Rituale gestalten. Es kann daher sein, dass du etwas für die Reinigung hältst, was für diese Personen aber bereits der Schutzkreis ist. Es ist aber wichtig, dass du z. B. weißt, wann der Kreis gezogen ist, damit du ihn nicht unachtsam übertrittst. Falls dir der Ritualablauf also komisch vorkommt, stelle vorher Fragen, und lass es dir erklären, bis du für dich entscheiden kannst, ob du an dem Ritual auch wirklich teilnehmen willst. Lass dich nicht abspeisen mit einem »Du wirst schon sehen ...!« oder einem »Lass dich doch einfach drauf ein, dann ...!« Du entscheidest, worauf du dich einlässt und was dir gut tut oder nicht. Vor dem Ritual solltest du noch einmal die Möglichkeit haben, zu sagen, ob du alle Übungen mitmachen willst. Ein guter Kreis lässt es zu, dass jemand eine Übung auslässt, solange die Person dann im Raum bleibt und den Kreis nicht stört oder verlässt.

Achte darauf, ob vor dem Ritual die Rollen klar verteilt sind und ob klar ist, wer die Regie hat. Eine Person muss auf die Abläufe achten und darf daher nicht selbst völlig in Trance gehen oder abtauchen. Auch hier kannst du sehen, wie der Kreis arbeitet. Werden die Handlungen und Rollen auf mehrere Personen verteilt, oder behält eine Person alles in der

Hand. Was wäre dir lieber? Wenn dir eine Rolle angetragen wird, z. B. die Räucherung oder eine Anrufung, solltest du beim allerersten Mal völlig frei sein, das abzulehnen und nur passiv teilzunehmen. Falls du es dir aber schon zutraust, hat der Kreis gleich Gelegenheit, dich näher kennen zu lernen.

Es gibt Coven, in denen die Leitung von Fest zu Fest wechselt. Es gibt aber auch Coven, in denen die Leitung für ein Jahr fest bei einer Person bleibt und dann erst weitergegeben wird. Wenn in einem Coven nur eine Person jedoch immer alle Rituale anleitet, erhält sie eine besondere Vormachtstellung, und es ist kein gleichberechtigter Coven mehr.

Vereinbare mit der Person, die die Regie hat, ein Zeichen, das du machen sollst, wenn es dir bei einer Übung nicht gut geht. Die meisten Coven kommen damit zurecht, wenn du, wie gesagt, nicht schreiend davonläufst und den Kreis störst, indem du ihn verlässt. Wenn jedoch auf einmal Teufelsriten praktiziert, Drogen genommen oder ein kleines Kaninchen geschlachtet wird, ohne dass dich jemand darauf vorbereitet hat, dann ist es vielleicht wirklich an der Zeit, schreiend davonzulaufen ... Lass dich nicht daran hindern, wenn bei dir eine Grenze erreicht ist, ab der du es nicht mehr aushältst. Daher ist es auch wichtig, dass du dir vor dem Ritualtreffen überlegst, wie du nach Hause kommst, ohne von der Gruppe abhängig zu sein. Es kann nicht schaden, wenn du dein Handy dabei hast, um im Notfall einen Freund, eine Freundin oder deine Eltern anzurufen.

Oft kannst du im Ritual selbst keine Fragen mehr stellen, da das die meditative Stimmung und die rituelle Konzentration stört. Daher ist es nötig, dass du vor und nach dem Ritual ausreichend Zeit hast, Fragen zu stellen. Das geht jedoch nicht, wenn die Gruppe nach dem Ritual schnell auseinander stürzt. Normalerweise lässt man sich etwas mehr Zeit nach der rituellen oder magischen Arbeit, bis man sich trennt und wieder in den normalen Alltag zurückgeht. Dafür ist ein gemeinsames Essen oder zumindest ein gemeinsamer Imbiss eine gute Sache. Kein Ritual ohne Schmausen! Jede bringt etwas mit, es gibt ein improvisiertes Büffet, und es kann gelacht und gefeiert werden, und du hast Zeit, deine Fragen zu stellen. Sage den anderen, wenn du schon etwas Vertrauen gefasst hast, wie es dir im Ritual ging, und wie das alles auf dich gewirkt hat.

Auch hier musst du nicht direkt nach dem ersten Ritual sagen, ob du auf Dauer mitmachen willst, sondern kannst dir damit Zeit lassen und die Entscheidung in Ruhe zu Hause fällen. Der Coven wird das wahrscheinlich sowieso machen, da sie sich meistens ohne dich noch einmal besprechen wollen. In einem Ritualkreis kommt man sich menschlich, magisch und energetisch sehr nahe. Da hat jeder Kreis ein Interesse daran, niemanden auf Dauer im Kreis zu haben, der nicht passt.

Notiere zu Hause in deinem magischen Tagebuch, wie dir der erste Abend gefallen hat. Warst du beigeistert? Waren es nette, bodenständige Leute? Habt ihr Spaß miteinander gehabt? Hattest du das Gefühl, es gibt geheime, unausgesprochene Regeln, die dir niemand erklären wollte? Wie sind die Leute mit deinen Fragen umgegangen?

Hast du alles verstanden, was passierte, oder sind dir noch viele Sachen unklar, und du hast dich nicht getraut, genauer nachzufragen? Wurdest du eher ermutigt, Fragen zu stellen, oder wurden deine Fragen abgewimmelt? Kam dir einiges merkwürdig vor, auch wenn du noch nicht so genau sagen kannst, warum? Hast du ein unfassbares Unbehagen? War dir eine andere Person im Kreis sehr unsympathisch? Wurdest du herzlich aufgenommen?

Wie ging es dir mit den Anrufungen? Fandest du die Texte stimmig? Wie ging es dir mit der Länge des Rituals? War es zu lang, zu kurz, war dir langweilig, oder war es zu anstrengend?

War dir der Abend weihevoll genug oder zu weihevoll? Hast du dir etwas mehr feierliche Stimmung gewünscht und haben alle nur herumgealbert? Oder fandst du die Anrufungen eher peinlich, und konntest du dir selbst nur mit Mühe das Lachen verkneifen? Wenn du einen Ritualkreis junger Leute suchst und bist in einer Art Kaffeekränzchen von älteren Wiccafrauen gelandet, dann ist der Vergleich einfach. Oft geht es aber um die feinen Unterschiede. Glaubst du, der Kreis kann sich noch in die von dir gewünschte Richtung entwickeln, oder liegt ihr zu weit auseinander? Du wirst nie einen Coven finden, in dem alle völlig einer Meinung sind und in dem nur Liebe und Harmonie herrschen, aber eine gewisse Übereinstimmung in den Grundlagen und eine Basis von Sympathie brauchst du für alle Personen im Kreis.

Hole noch einmal deine Erwartungsliste vom Anfang raus, vergleiche sie mit deinen Erlebnissen. Entspricht die Gruppe deinen Erwartungen?

Falls du auf Dauer an dem Kreis teilnehmen willst und der Kreis das auch möchte, dann kannst du deine Eindrücke erneut in den Kreis einbringen, und ihr könnt euch gemeinsam entwickeln. Falls es eine längere Probezeit gibt (häufig für »ein Jahr und einen Tag«, ein altes keltisches Zeitmaß), dann lass dir genau erklären, wie du nach der Probezeit zu einem Vollmitglied wirst. Wer entscheidet das? Sollst du selbst mitentscheiden oder wirst du einer Initiation (einer feierlichen Handlung zur Einweihung) oder einer magischen Prüfung unterzogen? Kannst du damit leben, ein Jahr lang kein Vollmitglied zu sein? Und weißt du, was es im Ablauf der Rituale in dieser Gruppe bedeutet?

Falls es nicht zu einem weiteren Zusammentreffen kommt, bist du vielleicht traurig oder enttäuscht. Aber du kannst

Wicca auch alleine praktizieren oder weiter nach einem Coven suchen. Vertraue auf dein Gefühl und deine spirituelle Sehnsucht, dann wird dich dein Weg irgendwann wieder zu einem Coven und zu wirklich gleichgesinnten Menschen führen.

Fragen zum Nachsinnen:

Wünschst du dir Kontakt zu einem Coven?

Hast du schon einmal Kontakt zu einem Ritualkreis aufgenommen?

Welche Erfahrungen hast du damit gemacht?

## Einen Coven gründen

Wenn du in deiner Nähe keinen bestehenden Coven findest, aber einige Freunde und Freundinnen hast, die sich für Wicca interessieren, überlegst du dir vielleicht, ob ihr einen Coven gründen sollt. Was solltest du beachten? Wie fangt ihr am besten an?

Ein Coven ist nicht nur einfach eine Gruppe Gleichgesinnter, ein Stammtisch oder ein Junghexenclub, sondern es steckt mehr dahinter. Ein Coven ist eine Verbindung von Menschen, die ähnliche Wertvorstellungen und Glaubensinhalte haben und sich regelmäßig treffen, um miteinander Rituale zu feiern und ihre Spiritualität zu gestalten oder um miteinander

Magie zu praktizieren. Manche sagen auch, ihr Coven sei ihre zweite Familie oder die Schwestern und Brüder im Geiste. Das heißt, bevor du einen Coven gründest, solltest du dir die Leute, die daran teilnehmen wollen, genau anschauen. Ihr solltet klären, was euch verbindet, was jede von euch unter Wicca, Hexentum und unter einem Coven versteht. Vielleicht merkt ihr dann nämlich, dass die einen eher zaubern, die anderen Rituale feiern und die dritten einfach nur etwas Geheimnisvolles, Spirituelles machen wollen, ohne genau zu wissen, was das ist. Jede versteht unter Hexe sein und unter einem Coven etwas anderes.

Vielleicht einigt ihr euch nach dieser ersten Klärung dann doch erst einmal auf den Begriff Junghexenclub oder einfach Ritualkreis. Vielleicht wollt ihr auch erst einmal eine Junghexenlerngruppe bilden, in der ihr gemeinsam lernt, Texte lest, einfache Übungen macht, bevor ihr euer erstes feierliches Ritual zusammen feiert. Gut ist es auch, wenn ihr klärt, wie oft ihr euch treffen wollt. Ein Ritual an allen Vollmonden sind etwa 13 Treffen im Jahr, alle 8 Jahreskreisfeste dazu sind schon 21 Treffen, und wenn ihr jedes Ritual vorbereiten wollt, habt ihr locker 42 Treffen im Jahr, das ist schon fast jede Woche eines. Vielleicht reicht es daher fürs erste, nur die Vollmonde oder nur die Jahreskreisfeste zu feiern.

Bevor ihr mit einem Ritual startet, ist es wichtig, dass ihr euch gemeinsame Grundtechniken aneignet. Fragt euch: Wer kann schon visualisieren? Wer hat Erfahrungen mit Trance, mit Liedern, mit Tänzen, wer kennt sich mit den vier Elementen gut aus? Einigt euch für den Anfang auf eine gemeinsame Methode, wie ihr den Kreis ziehen und die vier Elemente anrufen wollt. Bleibt erst einmal eine Zeit lang bei dieser Methode. Vielleicht rufen einige gerne den Geist des Nordens, andere sagen lieber Kraft der Erde aus dem Norden. Probiert verschiedene Anrufungen gemeinsam aus. Leiht euch gegenseitig Bücher aus, lest sie zusammen, besprecht miteinander Texte und Anrufungen, die ihr darin findet. Einigt euch, ob ihr Gott und Göttin oder nur die Göttin anrufen und verehren wollt. Vielleicht wollen manche auch eher in der Sprache der Indianer bleiben und Mutter Erde und Vater Geist anrufen. Wenn ihr Räucherwerk benutzen wollt, fragt vorher die anderen, wer welche Gerüche mag oder nicht ausstehen kann. – Ihr merkt schon, ein Ritual mit mehreren Personen ist mit viel Vorbereitung verbunden.

Wenn ihr euch in den Grundtechniken (Räuchern, Kreis ziehen, Visualisieren, Anrufungen) sicher fühlt, könnt ihr euer erstes Ritual planen. Trefft euch dafür am besten an einem anderen Tag als an dem Tag, an dem das Ritual stattfinden soll. Wenn euer Coven noch klein ist, dann könnt ihr es gut alle zusammen vorbereiten. Bei größeren Coven ist es besser, vorher eine kleine Untergruppe zu bilden, die das Ritual entwickelt. Nach der Vorbereitung sollte das Ritual ein Thema, ein Datum, einen Anlass, eine Struktur, einen Ablauf und einen Zeitrahmen haben.

Macht euch dann eine kleine Checkliste: Wer bringt was für das Ritual mit? Wie wollt ihr den Raum oder die Kreismitte dekorieren? Wer spricht die Anrufungen? Wer behält die »Regie«, also den Ablauf im Blick? Wo soll es stattfinden? Wie lange soll es dauern? Vergesst nicht das Essen am Ende des Rituals, denn das erdet gut und lockert am Ende auf, bevor ihr euch wieder trennt. Meistens bringt jede und jeder etwas fürs Festessen mit.

Wenn ihr euch dann trefft für das Ritual, sollte das Programm noch einmal kurz vorgelesen werden. Dann kann jede noch einmal sagen, ob sie alles so mitmachen will. Keine sollte gezwungen werden, an einer Übung teilzunehmen, wenn es ihr nicht gut geht damit. Das solltet ihr aber möglichst vorher klären, denn wenn der Kreis einmal geschlossen ist, sollte ihn keine mehr abrupt verlassen. Dann könnt ihr eine Runde machen, in der jede noch einmal kurz sagt, wie es ihr heute geht: aufgeregt, traurig, ängstlich ... Dann wissen alle voneinander, wie der andere gestimmt ist und wie er in das Ritual geht. Eventuell müsst ihr das Ritual dann noch mal umplanen. Wenn es z. B. ein Halloweenfest ist und alle sehr traurig sind, dann müsst ihr gut drauf achten, dass das Ritual die Stimmung nicht noch mehr drückt, sondern eher Trost vermittelt.

Bei dieser Anfangsrunde, in der jede und jeder sagt, wie es ihm und ihr geht, könnt ihr einen Stein, eine Kugel oder einen Redestab herumgehen lassen. Die Person, die spricht, hält den Redestab, und wenn sie fertig ist, gibt sie ihn weiter. Diese Tradition kommt von den Indianern. Sie soll daran erinnern, die Person, die spricht, ausreden zu lassen und sie nicht mit Ratschlägen zu erdrücken. Leider passiert das ganz schnell, wenn beispielsweise jemand sagt, dass er traurig ist – dann wollen alle gleich trösten. Aber diese Anfangsrunde soll nur dazu dienen, dass jede weiß, wie die andere drauf ist, und darauf Rücksicht nehmen kann. Wenn eine einen Ratschlag von der Gruppe haben will, kann sie darum bitten. So ist dafür gesorgt, dass niemand ungebetene Ratschläge anhören muss.

Erst dann, wenn alle sozusagen »eingecheckt« haben, könnt ihr mit dem eigentlichen Ritual und der Reinigung beginnen. Dann zieht ihr einen Schutzkreis und verbindet euch zu einem Energiekreis durch eine Visualisation, ein Lied oder einen Tanz. Jetzt können die Anrufungen beginnen. Wenn ihr am Anfang nicht alles auswendig könnt, ist es nicht schlimm. Legt euch die Texte für die Anrufungen so zurecht, dass ihr sie erreichen könnt, ohne den Kreis verlassen zu müssen. Ebenso liegt alles für die Räucherungen oder die Symbole für die vier Elemente gut erreichbar in der Mitte des Kreises.

Am Anfang müsst ihr auch herausfinden, wie lange und ausführlich ihr den Mittelteil, die rituelle Haupthandlung gestalten wollt. Plant bei euren ersten Gruppenritualen nicht mehr als eine halbe Stunde dafür ein. Es ist nämlich gar nicht so einfach, gemeinsam eine meditative Stimmung und eine rituelle Konzentration durchzuhalten. Wenn du merkst, dass alle zu kichern oder zu schwätzen beginnen, ist das ein deutliches Zeichen dafür, dass die Konzentration nachlässt. Dann solltet ihr das Ritual abschließen, indem die gerufenen Kräfte verabschiedet werden und Energiekreis und Schutzkreis wieder aufgelöst werden. In der Regel ist es leichter, den Kreis aufzulösen, als ihn aufzubauen. Wenn ihr noch überschüssige Energie und eine gewisse Anspannung habt, könnt ihr die durch wildes Kreischen, Stampfen oder einmal im Kreis herumhüpfen abbauen.

Anschließend solltet ihr euch Zeit lassen, etwas zu essen und zu trinken und euch auszutauschen, bevor ihr auseinander geht. Über all eure Rituale kann eine Person in einem »Buch der Schatten« Aufzeichnungen festhalten. So habt ihr nach einiger Zeit einen Erfahrungsschatz, den ihr gemeinsam auswerten könnt. Oft wird zur Wintersonnenwende eine Bilanz des magischen Jahres gezogen, und zu Lichtmess werden neue Ideen gesammelt. Es kann auch sinnvoll sein, dass ihr eine kleine gemeinsame Kasse führt, von der ihr die Raummiete oder Kerzen und Räucherwerk bezahlt.

Am Anfang ist es hilfreich, in einer mehr oder weniger festen Runde zu feiern. Nehmt nicht ständig neue Leute in den Kreis auf, sonst habt ihr viel Unruhe und eventuell die gleichen Diskussionen immer wieder von vorne. Dennoch kann es einige Zeit dauern, bis ihr einen festen Kreis aufgebaut habt. Wenn ihr eine kleine Runde seid und noch neue Personen sucht, könnt ihr einen Aushang im Esoterikladen machen oder dort Handzettel hinterlegen, ihr könnt auch in verschiedenen Internetforen Suchaufrufe einstellen. Erfahrungsgemäß braucht ihr viel Geduld und viel Toleranz füreinander, um einen solchen Kreis aufzubauen.

Ich war acht Jahre lang in einem festen Coven, dann bin ich zwei Jahre sehr einsame Wege gegangen oder habe nur zu zweit mit meinem Mann Rituale gefeiert. Wirklich, ich bin im realen Leben eine ziemliche Einzelgängerin und weiß Göttin kein Rudelmensch! Es war für mich nicht immer einfach zu akzeptieren, dass andere im Kreis bestimmte Anrufungen oder bestimmte Trancen nicht ausstehen können. Auch unsere Glaubensinhalte haben sich nur teilweise überschnitten, oft eher ergänzt als wirklich harmoniert. Aber diese besondere Qualität, hin und wieder in einem Ritualkreis zu stehen, der diesen Namen auch verdient, weil spirituell suchende Menschen gemeinsam diesen Kreis bilden – dieses Gefühl will ich nicht auf Dauer missen. Außerdem kann ich verstehen, dass gerade junge Menschen Anschluss an erfahrene Menschen suchen.

Es soll auch Clans und Coven geben, die vielleicht seit Hunderten von Jahren existieren, aber dennoch will ich dir und deinen Freunden und Freundinnen Mut machen, einen Coven zu gründen, wenn ihr gemeinsam üben und lernen wollt. Da ich eher eine Freifliegende bin, habe ich keine Initiation von irgendeiner Hohepriesterin vorzuweisen. Wohl habe ich aber eine erfahrene Person gehabt, bei der ich einige Workshops gemacht und meine rituelle Grundausbildung erhalten habe. Aber das meiste habe ich in meinem ersten

Coven durch gemeinsames Lesen, Lernen und Üben in einer liebevollen Atmosphäre gelernt.

Beide Covens, in denen ich war bzw. zur Zeit bin, bestanden eher aus Freifliegenden. Der Coven, in dem ich acht Jahre war und der jetzt schon etwa 12 bis 13 Jahre besteht, würde sich selbst nicht so nennen. Sie nennen sich einfach Jahreskreisfestegruppe. Aber wir hatten einen sehr engen Zusammenhalt, und die gemeinsame Tradition hat sich im Laufe der Jahre entwickelt. Wenn ich einen Coven gründen würde, würde ich mit einer Ausbildungsgruppe anfangen, zu Beginn gemeinsam Texte lesen, sich miteinander auseinander setzen, gemeinsam die Rituale vorbereiten usw. Dann kann so etwas wie ein Coven entstehen. Ich war nie in einer festen Initiationslinie, dennoch ist es gut, wenn in einem neuen Coven einige oder wenigstens eine erfahrene Person ist. Aber ihr könnt auch mit eurem eigenen Wissen starten und euch die Dinge erarbeiten. Viele Wicca meiner Generation haben sich das Wissen selbst erarbeitet und in Trancen, Träumen und Ritualen das alte Wissen in diese Zeit zurückgeholt. In meinem alten Coven sind immer nur einige von uns auf Workshops gefahren. Sie haben dann neue Ideen mitgebracht und wir haben viel gemeinsam ausprobiert und uns selbst auch gegenseitig viel beigebracht. Ich habe in der ganzen Zeit auch ein »Buch der Schatten« geführt, worin ich nach jedem Fest meine Eindrücke und Erfahrungen festgehalten habe. Das ist ein reicher Erfahrungsschatz, aus dem ich noch heute für meine Bücher und Rituale schöpfe.

### Fragen zum Nachsinnen:

Hast du eine Freundin oder Freunde und Freundinnen, die sich wie du für Wicca interessieren?

Habt ihr schon einmal überlegt, einen Kreis zu gründen?

Was sprach dafür, wo wart ihr unsicher, wo fehlte der Mut?

Was müsstet ihr noch klären oder üben, bevor ihr euch zutrauen würdet, einen Kreis zu gründen?

## Ritual zur Covengründung

Wenn du mit ein paar Freunden und Freundinnen einen Coven gründen willst, wollt ihr als Erstes gemeinsames Ritual vielleicht ein Gründungsritual durchführen. Den folgenden Ritualvorschlag könnt ihr auch abwandeln und ergänzen, wie es euch besser passt oder gefällt.

*Vorbereitungen*

Als Dekoration schlage ich Symbole für die vier Elemente vor, z. B. eine Rassel oder Feder für das Element Luft, eine Kerze für das Element Feuer, einen Kelch oder ein schönes Glas mit Wasser für das Element Wasser sowie einen schönen Stein für die Erde. Ihr könnt auch wilde Blumen und Zweige der Jahreszeit dazulegen. Außerdem bringt jede einen Gegenstand mit, der ihre magische Kraft symbolisiert. Das kann eine Hexenpuppe sein, ein Pentagramm oder auch ein Bild von einem Tier oder ein Edelstein. Da im Zentrum des Rituals eine Räucherzeremonie steht, braucht ihr Räucherwerk, z. B. klein gehäckseltes Zedernholz, getrockneten, gehäckselten Salbei oder getrocknete Lavendel- und Rosenblüten. Falls ihr das Ritual draußen durchführt, braucht ihr eine kleine, gut gesicherte Feuerstelle und etwas Feuermaterial und Kohlestücke. Falls ihr das Ritual drinnen feiert, braucht ihr zum Räuchern eine feuerfeste Schale mit Sand auf einem feuerfesten Untersetzer, ein Stück selbstzündende Räucherkohle und eine Zange, um die Kohle zum Zünden ins Feuer zu halten. Das kann eine ganz normale Grillzange sein.

Weil im Hauptteil des Rituals geräuchert wird, könnt ihr zum Reinigen vor dem Ritual eine andere Technik verwenden, z. B. eine Rassel, die schlechte Stimmungen und böse Geister vertreibt und die Sinne am Anfang des Rituals befreit.

Trefft euch einmal vor dem Ritual, setzt euch mit der Ritualbeschreibung zusammen und überlegt gemeinsam, wer was mitbringt, wer welche Anrufungen liest und wo ihr feiern wollt. Vielleicht ist es für euer allererstes Ritual leichter, wenn ihr im Zimmer oder im Garten feiert, damit ihr nicht gleich mit größeren Störungen von außen rechnen müsst.

### *Der Ritualablauf*

Wenn ihr euch trefft, dekoriert gemeinsam die Mitte mit einem schönen Tuch, ein paar wilden Blüten oder Zweigen der Jahreszeit und legt die Symbole für die vier Elemente nach den vier Himmelsrichtungen geordnet hin. Dann gibt jede ihren magischen Gegenstand in die Mitte. Ebenso legt ihr die Texte für die Anrufungen bereit, das Räucherwerk und die Rassel.

Dann setzt euch noch einmal gemütlich zusammen, z. B. bei einer Tasse Kräutertee, und macht eine Anfangsrunde. Jede und jeder kann noch einmal sagen, wie es ihm und ihr geht, wie er oder sie heute drauf ist, und in welcher Stimmung das Ritual für ihn oder sie beginnt. So wissen alle, wie die anderen gelaunt sind und wie ihr anfangt. Dann liest noch einmal eine Person den Ablauf vor, und ihr einigt euch, wer die Regie führt. Die Rolle der »Regie« besteht zu Anfang im Wesentlichen darin, den roten Faden und den Überblick über den Ablauf im Ritual zu bewahren. Es ist eine Rolle, die jede und jeder mit einiger Übung einnehmen kann und für die ihr keine höheren Weihen braucht. Wenn ihr gemeinsam übt und euch unterstützt, kann im Laufe der Zeit jede einmal diese Rolle einnehmen.

Wenn es allen gut genug geht, um das Ritual durchzuführen, und keine Person größere Sorgen, Ängste oder Bedenken vor dem Ritual hat, könnt ihr anfangen. Wenn eine Person nur passiv mitwirken will, kann sie mit in den Kreis gehen oder außerhalb des Kreises über den Kreis wachen. Auch das ist eine wichtige Funktion, sie wird manchmal die »Hüterin der Schwelle« genannt. Sie beschützt den Kreis dann vor Störungen von außen und sorgt für einen sicheren Ablauf, indem sie sich im Hintergrund bereit hält. Das kann für einen Kreis eine sehr wichtige Rolle sein, gerade bei Ritualen im Freien.

Wenn ihr anfangt, stellt ihr euch im Kreis um die Mitte auf. Die Person, die die Reinigung übernommen hat, ergreift zunächst die Rassel. Sie tritt vor ihre Nachbarin und macht mit der Rassel kreisende Bewegungen vor dem Körper ihrer Nachbarin, so dass die Luft um ihren Körper von dem Geräusch erfüllt ist und gereinigt wird. Nach einiger Zeit geht sie weiter und verfährt so mit der nächsten Person. Am Ende, wenn sie alle Personen durchgerasselt hat, gibt sie die Rassel an die erste Person weiter, die die Reinigung auch bei ihr ausführt. Eine kann dann sagen: »Wir sind gereinigt und bereit für das Ritual. Unsere Alltagsgedanken fallen von uns ab.« Die anderen können dann antworten: »So sei es!«

Den Schutzkreis könnt ihr anschließend ebenfalls mit der Rassel ziehen. Die Person, die für den Schutzkreis verantwortlich ist, ergreift die Rassel und läuft rasselnd dreimal im Uhrzeigersinn in einem großzügigen Kreis um euch herum. Die anderen, die im Kreis stehen, können sie mit Summen unterstützen, oder sie lassen sich in den Klang der Rassel fallen, der gleichzeitig entspannend und aktivierend ist. Wenn der Kreis dreimal gezogen wurde, kann die Person dreimal auf den Boden klopfen und sagen: »Der Kreis ist geschlossen!« Dann legt sie die Rassel in die Mitte zurück, sie passt am besten in den Osten, zum Element Luft.

Im Anschluss daran könnt ihr einen gemeinsamen Energiekreis bilden. Wenn ihr am Anfang mit Visualisationen noch nicht so sicher seid, könnt ihr auch tanzen oder singen. Ihr könnt z. B. gemeinsam ein Lied singen, das in die Jahreszeit passt, und euch dabei an den Händen fassen und um die Mitte schreiten. Oder ihr lauft stampfend einmal um die Mitte, ohne zu singen, denn das Stampfen ist immer gut am Anfang eines Rituals, da es gleichzeitig erdet.

Jetzt kann eine die vier Elemente anrufen, oder ihr teilt euch die Anrufungen so auf, dass eine nur ein oder zwei Elemente anruft. Achtet dabei darauf, dass ihr das Element anruft, das euch auch wirklich nahe ist. Im Laufe der Zeit erwerbt ihr aber die Fähigkeit, alle Elemente zu rufen, z. B. mit dem folgenden Text:

> Eine Person dreht sich mit der Feder nach Osten und ruft: »Ich rufe das Element Luft aus dem Osten, komm in unseren Kreis, spende unserem neuen Kreis gute Ideen und einen klaren Verstand.«

Dann legt sie die Feder zurück, und eine andere ergreift die Kerze oder Kohle, dreht sich nach Süden und spricht:

»Ich rufe die Kraft des Feuers aus dem Süden. Komm in unseren neuen Kreis mit der Wärme des Feuers, der Leidenschaft und dem Mut, etwas Neues zu wagen!«

Sie legt die Kerze zurück, ergreift das Glas mit Wasser, dreht sich nach Westen und spricht:

»Ich rufe die Kraft des Wassers aus dem Westen. Komm in unseren neuen Kreis, lass uns offen sein für alle Gefühle und für unsere gemeinsame spirituelle Suche!«

Anschließend legt sie das Glas zurück, eine andere Person ergreift den Stein, dreht sich nach Norden und spricht:

»Ich rufe die Kraft der Erde aus dem Norden. Komm in unseren neuen Kreis, lass uns alle sicheren Bodenkontakt bewahren und lass uns nie vergessen, dass wir Kinder der Erde sind. So bleiben wir auch mit Magie auf dem Teppich.«

Wenn ihr die vier Elemente angerufen habt, könnt ihr die Göttin oder die Göttin und den Gott anrufen, z. B. mit diesem Text:

»Große Göttin, Mutter Erde, wir rufen dich in unseren Kreis. Wir haben uns zum ersten Mal versammelt, um dich zu suchen und deinen Weg zu gehen. Segne unseren Coven!
Wilder Gott der Wälder, wir rufen dich in unseren Kreis. Wir haben uns zum ersten Mal versammelt, um dich zu ehren und den Weg der alten Religion zu gehen. Segne unseren Kreis!«

Die anderen, die nicht die Anrufung sprechen, können wieder antworten mit »So sei es!«

Um euch bewusst zu einem Coven zusammenzuschließen, kann jede jetzt ihren Namen sagen. Es kann ihr richtiger Name sein, es kann auch ein Hexenname dabei sein, sie kann aber auch ihr Sternzeichen oder ihr Krafttier nennen. Maria würde beispielsweise sagen: »Mein Name ist Maria, ich nenne mich Sternenkönigin. Mein Sternzeichen ist Wassermann, mein Schutztier ist die Libelle.« Die anderen antworten jeweils: »Willkommen im Kreis, Maria, Sternenkönigin!«

So nennt jede der Reihe nach ihren Namen und ein, zwei magische Bezeichnungen. Die anderen nehmen sie mit »Willkommen im Kreis« auf. Wenn die Namensrunde abgeschlossen ist, kann eine von euch sagen: »Wir bilden einen magischen Kreis!« Die anderen antworten: »So sei es!«

Wenn ihr euch vorher entschieden habt, eurem Coven einen Namen zu geben, könnt ihr ihn jetzt ebenfalls nennen. Es muss kein besonders weihevoller Name sein, die berühmte amerikanische Wicca Starhawk hat zum Beispiel lange in einem Coven gearbeitet, dessen Name »Kompost« war ... Sie wollten damit ausdrücken, dass sich im Coven alles wandelt.

Dann führt ihr eine Räucherzeremonie mit einem symbolischen Rauchopfer durch. Eine von euch entzündet dazu das Räucherwerk, also die Kohle in der Feuerstelle oder die Räucherkohle in der feuerfesten Form. Wenn die Kohle glüht, ergreift jede nach und nach etwas Räucherwerk. Während sie es in die Kohle streut, sagt sie, was sie als Gaben in den Kreis geben will. Maria könnte also sagen: »Ich gebe meinen Mut in den Kreis.« Inge sagt: »Ich gebe meine Phantasie in den Kreis.« Eine andere sagt vielleicht: »Ich gebe meine Neugierde in den Kreis.« Lasst das Räucherwerk so lange mehrmals herumgehen, bis jede ihre Gaben ausgesprochen und in Form eines Rauchopfers in den Kreis gegeben hat. Wenn eine ruhige Stille einkehrt oder eure Konzentration nachlässt, sagt die Person, die die Regie hat. »Wir bilden jetzt einen Kreis. Unsere Gaben vermischen und ergänzen sich!« Die anderen antworten: »So sei es!«

Genießt den Geruch des Räucherwerkes noch einige Zeit, atmet ein paar Mal tief aus und ein, dann könnt ihr euch von der Zeremonie lösen und das Ritual mit der umgekehrten Rahmenhandlung auflösen:

> Eine Person spricht dazu:
> »Große Göttin, mächtiger Gott, nehmt unser Rauchopfer an. Nehmt unseren Kreis an. Danke, dass wir einen Hauch eurer Gegenwart spüren durften, wir verabschieden euch.«

> Eine Person dreht sich nach Norden und spricht:
> »Ich verabschiede das Element Erde. Danke, dass du bei uns warst, kehre gerne wieder, wenn wir dich wieder rufen.« Ebenso wendet ihr euch in die anderen Himmelsrichtungen, also dann nach Westen, nach Süden und nach Osten und verabschiedet die anderen Elemente in umgekehrter Reihenfolge wie bei der Anrufung.

Dann ergreift wieder eine die Rassel und löst den Schutzkreis auf, indem sie in umgekehrter Richtung, gegen den Uhrzeigersinn, außen im Kreis um euch herum läuft. Am Ende könnt ihr noch einmal wild rasseln und kreischen, um überschüssige Energie abzuschütteln und euch zu erden. Setzt euch dann noch etwas zusammen, esst eine Kleinigkeit miteinander, tauscht euch aus, feiert ein bisschen und sagt, wie es euch jetzt geht. Falls ihr draußen gefeiert habt, löscht die Feuerstelle gut aus, damit sich kein erneutes Feuer bildet, das euren Garten abfackelt.

*Nachbereitung*

Jede nimmt ihren magischen Gegenstand wieder mit nach Hause. Achtet in der Nacht danach auch einmal auf eure Träume. Nach ein paar Tagen könnt ihr euch noch einmal treffen und eure Eindrücke in einem gemeinsamen »Buch der Schatten« festhalten. Wie ging es euch mit dem Ritual? Was fiel euch leicht, was war euch zunächst fremd, was war euch peinlich? Wobei habt ihr euch gut gefühlt, was war merkwürdig, was würdet ihr beim nächsten Ritual anders machen wollen?

Notiert alles, entweder gemeinsam oder jede für sich in ihrem magischen Tagebuch. Denn nur so könnt ihr aus euren Erfahrungen lernen.

Fragen zum Nachsinnen:

Traust du dir ein solches Gründungsritual zu?

Was gefällt dir an dem Ritual?

Was würdest du gerne abändern?

Was willst du vorher noch üben?

## Hexennamen

Berühmte Hexen, die schon bekannter sind, weil sie Bücher geschrieben haben, haben oft spezielle Hexennamen. Manche Namen nehmen Bezug auf ein besonderes Tier, wie z. B. Starhawk (hawk: engl. für Falke) oder Silver RavenWolf.

Dieses Tier kann z. B. das Krafttier oder Totemtier der Frauen sein. Andere nehmen Bezug auf eine Märchenfigur, wie z. B. meine Verwendung des Namens Drachenfrau, denn für mich drückt die Drachin eine besondere Kraft aus, die ich im Ritual oder beim Tanzen manchmal spüre. Du kannst auch ein Tier in den Namen aufnehmen, was dir gut gefällt oder dir viel bedeutet. Wenn der Name des Tieres nicht so toll klingt, kannst du es mal mit dem lateinischen oder englischen Namen des Tieres versuchen. Eine Junghexe, mit der ich länger Briefkontakt hatte, nannte sich Lynx als lateinischer Name des Tieres Luchs. Wenn du noch keinen Bezug zu einem Krafttier hast, kann das Kartenset »Karten der Kraft« von Jamie Sams und David Carson eine Hilfe sein, es ist im Windpferdverlag erschienen und enthält Karten zu 44 indianischen Krafttieren.

Wenn du Tarotkarten kennst und eine Karte daraus besonders magst, kannst du dich davon anregen lassen. Du kannst dich auch nach einer Fantasyfigur oder einer Märchenfigur nennen, aber den Namen leicht abwandeln. Manche pendeln ihren Namen aus, benutzen Buchstabenplättchen aus einem normalen Gesellschaftsspiel, um die Buchstaben für ihren Hexennamen zu ziehen, oder wieder andere schreiben ganz viele magische Begriffe auf Zettel und ziehen dann einen im Ritual. Du kannst auch die göttliche Kraft bitten, dir im Traum deinen magischen Namen zu erkennen zu geben. Ich würde diese Bitte einfach jede Nacht vor dem Einschlafen formulieren, bis du ein Signal erhältst.

Ebenso kannst du dir eine Göttin als Schutzpatronin suchen und sie bitten, ob du einen Teil ihres Namens in deinem Hexennamen führen darfst. Gehe aber achtsam um mit den alten Namen der großen Göttinnen! Es gibt Hexennamen, die sind eher als Gag oder als Nickname für ein Forum geeignet. Es gibt aber auch andere Namen, die sehr ernst oder sogar geheim sind und einen Teil deiner innersten Kraft ausdrücken.

Manche erhalten auch einen solchen geheimen Hexenamen, wenn sie in einem feierlichen Ritual initiiert oder in einen Hexenkreis aufgenommen werden. Diese Namen behältst du eher für dich, manchmal wird dir dieser Name sogar erst später mitgeteilt.

Eine andere Möglichkeit ist der Bezug auf einen Stern, ein Sternzeichen, eine Pflanze oder eine Tarotkarte. Das »Star« in Starhawks Namen bezieht sich z. B. auf die Tarotkarte »der Stern«. Andere hören ihren Hexennamen das erste Mal in einem Traum oder in einer tiefen Meditation. Ganz selten kommt es auch heute noch vor, dass ein ganzer Coven allen einzelnen Mitgliedern einen neuen Namen gibt, so bei den Frauen um Ute Schiran, die »Schiran« als neuen Clannamen annahmen.

Vielleicht fragst du dich: Brauche ich schon als Junghexe überhaupt einen Hexennamen? Wenn du noch keinen Hexennamen hast, lass dir ruhig etwas Zeit, bis du eine treffende Idee hast. Spätestens, wenn du ihn auch als Emailadresse oder in einem Forum benutzen willst, wirst du merken, ob schon viele vor dir die Idee hatten, oder ob er wirklich originell ist. Zum Erlernen der Magie oder zur Zugehörigkeit zu einem Coven ist es nicht nötig, dass du von Anfang an einen solchen Namen hast. Ich habe acht Jahre lang Rituale in einem festen Kreis von Frauen gefeiert, und wir haben uns am Ende immer noch mit unserem ganz normalen Vornamen angesprochen.

Wenn dein Name sehr stark auf die christliche Religion hinweist, wie z. B. Christian oder Christine, kann es für dich vielleicht irgendwann wichtig werden, dir einen anderen Namen zuzulegen, wenn du dich immer stärker zur Wicca-Religion hingezogen fühlst. Denn du willst dann vielleicht das Christentum nicht mehr im Namen tragen. Aber auch das muss nicht sein. Ich habe z. B. zwei sehr katholische Vornamen, Monika und Barbara, und trotz meiner Wicca-Zugehörigkeit habe ich noch heute eine besondere Beziehung zu Barbara, der Heiligen der Tunnelbauer und Bergleute. In viele Heiligenvorstellungen sind Vorstellungen von lokalen, heidnischen Gottheiten eingeflossen, so beispielsweise auch bei Brigid oder bei der großen, heimlichen Göttin des Christentums, Maria.

Sehr verführerisch scheinen für einige Junghexen Namen oder Internetadressen zu sein, die auf eine Art Gegenteil von Christentum, nämlich auf den Satanismus hinweisen. Sie wählen dann also Namen, die z. B. die Worte Luzifer, Satan oder die Zahl 666 enthalten. Mache dir klar, ob du so eine Anspielung wirklich willst. Satanismus und Wicca sind zwei grundsätzlich verschiedene Dinge. Wenn du dich Wicca zugehörig fühlst, aber Namen benutzt, die an Satanismus erinnern, trägst du damit leider zu dem verbreiteten Missverständnis bei, dass Wicca und Satanismus etwas miteinander zu tun haben.

Fragen zum Nachsinnen:

Hast du schon einen Hexennamen?

Wie hast du ihn gefunden?

Benutzt du einen speziellen Nickname im Internet?

Was bedeutet er für dich?

Welche Hexennamen anderer Hexen gefallen dir?

# Wicca-Ethik

Wie halten es Wicca mit der Moral bei Ritualen? Wie schnell wird geräuchert, geköchelt und gehext? Muss für jedes Problem im Alltag sofort die Magie herhalten? Darf ich wegen Eifersucht einen Zauber über jemanden verhängen oder gar die/den Angebetete/n verzaubern? Wenn ich finanzielle Probleme habe, darf ich einen Geldzauber anwenden? Wenn ich Glück brauche, darf ich es mir zaubern, oder kommt es von alleine? Verschafft mir Magie eine Art Narrenfreiheit, bei der grundsätzlich alles erlaubt ist? Und ist es sinnvoll, immer gleich zur Magie zu greifen?

Grundsätzlich gilt für mich eine allgemeine Wicca-Ethik, also eine mehr oder weniger lange Ansammlung von moralischen Handlungsanweisungen. Ein wichtiger ethischer Grundsatz in Wicca ist so formuliert, dass ich versuche, bewusst niemandem zu schaden: Tue, was du willst, und schade niemandem! (Dabei bin ich mir aber bewusst, dass ich einer anderen Person unter Umständen schaden könnte, wenn ich jemand anderem durch Magie, Ritual und Gebet zu helfen versuche. Denn die Energie, die ich der einen Person zuwende oder bei ihr verstärke, könnte der anderen Person fehlen.) Außerdem gilt für mich das »Gesetz der 3«, nämlich dass eine gewirkte Kraft dreifach auf mich zurückfällt. Im Voodoo soll sogar von einer fünffachen Verstärkung ausgegangen werden ... Wenn ich also einen Schadenszauber wirken würde, käme auch zu mir selbst viel negative Energie zurück.

Meine eigene Ethik geht jedoch darüber hinaus: Ich persönlich wende weder Schadenszauber noch Liebeszauber oder Geldzauber an. Denn ein Schadenszauber verstößt gegen das »Gesetz der 3«; Liebeszauber und Geldzauber lehne ich ab, weil sie oft unrealistische Erwartungen hervorrufen. Ich will in niemandem Hoffnungen erwecken, die ich dann nicht erfüllen kann. Außerdem ziehe ich freiwillige Liebe einer magisch erzwungenen emotionalen Abhängigkeit vor. – Ich versuche also, viele Probleme im Alltag erst einmal mit normalen Mitteln zu lösen, bevor ich zur Magie greife. Sonst ziehe ich es vor, die göttliche Kraft um Hilfe zu bitten, statt eine Veränderung erzwingen zu wollen. Bevor ich versuche, meine Kräfte durch ein Ritual anzuregen oder einen Zauber zu wirken, befrage ich meistens ein Orakel. Ich versuche so, den göttlichen Willen für mich in dieser Situation zu erkennen und anzunehmen. Wicca ist daher für mich vor allem eine Religion, die ich leben und weitergeben will.

Aktive Zauber benutze ich selten, und wenn, dann am ehesten Schutzzauber. Das heißt, bevor ich versuche, am Schicksal durch Hexenkraft zu drehen, versuche ich, mir mit einem Orakel die aktuell wirksamen Schicksalskräfte bewusst zu machen. Dann versuche ich, bewusst daran zu arbeiten, die Kräfte erst einmal so zu akzeptieren, wie sie sind.

Ich führe ferner kein Ritual oder keinen Zauber durch, wenn Sterne und Mond gerade völlig ungünstig dafür stehen. Ich versuche eher, über die Astrologie die aktuelle Zeitenergie zu erkennen und sie als Lehre vom richtigen Zeitpunkt zu nutzen.

Insofern versuche ich auch nicht, der Göttin ins Handwerk zu pfuschen, sondern bitte sie, mir durch ein Orakel zu erkennen zu geben, was sie von mir will, was meine Aufgabe gerade jetzt ist. Ich versuche zu begreifen, dass es einen

Unterschied gibt zwischen dem, was ich will, und dem, was ich wirklich brauche, also was die Göttin für mich will. Das kann bedeuten, einige Pläne und Wünsche loslassen zu müssen. Insofern denke ich eher spirituell als magisch. Ich vertraue darauf, dass ich alles bekomme, was ich brauche, und akzeptiere dabei, dass das nicht immer all das ist, was ich will.

Davon abgesehen kostet es viel Kraft und Konzentration, aktiven Zauber zu wirken. Es gehört viel mehr dazu, als nur Kerzen in der richtigen Farbe abzubrennen, das richtige Räucherwerk zu verwenden und einen bestimmten Spruch zu murmeln. Ich muss mich aufladen mit der Energie, die ich anziehen will, und sie konzentriert lenken mit der ganzen Kraft des aktiven Wünschens. Dann muss ich in der Lage sein loszulassen, damit nicht zu viel Energie bei mir zurückbleibt.

Ich setze aktive Zauberkraft manchmal ein, wenn ich etwas Bestimmtes erreichen will, wobei ich aber für niemand anderen einen Schaden erkennen kann. Ich kann Zauberkraft so nutzen als Unterstützung, um eine Prüfung zu bestehen. Wobei ich dann auch sehr von mir überzeugt sein und auch auf irdischem Weg viel Vorarbeit geleistet haben muss ... Das heißt, ich muss für die Prüfung gelernt haben!

Bei der Beratung anderer Menschen mit Orakeltechniken kommt für mich noch der moralische Anspruch hinzu, feinfühlig und behutsam zu beraten. Ich versuche, der ratsuchenden Person die Wahrheit anzubieten wie einen Mantel, in den sie hineinschlüpfen könnte, wenn sie will. Ich will ihr die Wahrheit, die ich im Orakel zu erkennen glaube, also nicht wie einen kalten Waschlappen ins Gesicht schlagen. Ich versuche bei astrologischen Prognosen immer erst einmal zu erspüren, wie viel Wahrheit die Menschen, die bei mir Rat suchen, vertragen können, und taste mich an die Probleme langsam heran. Ich kann z. B. sehen, dass jemand vermutlich die nächsten drei Jahre beruflich auf keinen grünen Zweig kommt. Wenn derjenige aber gerade eine Umschulung plant, dann versuche ich vorsichtig abzuraten und zu ergründen, wie viel der Mensch wirklich wissen will. Daher ist es mir bei Beratungen so wichtig, dass die ratsuchende Person immer die Möglichkeit hat nachzufragen, wenn ihr im Nachhinein etwas unklar oder bedrohlich erscheint. Und es ist mir wichtig zuzugeben, dass auch ich in der Beratung Fehler oder Fehlinterpretationen machen könnte, dass meine Meinung nicht heilig und unumstößlich ist.

Manche denken, dass der Magier nur sich selbst verantwortlich ist. Leider ist das eine Einstellung, die sich z. B. auch in so abwegigen Anwendungen wie dem Satanismus findet. Ich finde es sehr fragwürdig, nur sich selbst gegenüber verantwortlich zu sein. Ich betreibe Magie in einem spirituellen Zusammenhang. Das heißt, ich verstehe meine Gaben als ein Geschenk der Gottheit und habe daher das Gefühl, mich vor ihr zu verantworten und rechtfertigen zu müssen. Wenn ich Magie missbrauche, dann kann ich in diesem oder nächsten Leben die Konsequenzen daraus erfahren.

Meine magischen Begabungen verschaffen mir von Natur aus bereits einige Fähigkeiten und Vorteile, die anderen Menschen fehlen. So kann ich beispielsweise die Astrologie nutzen, um einen günstigen Zeitpunkt für ein Vorhaben zu wählen. Da mir meine Kräfte und mein Wissen andere Möglichkeiten eröffnen, will ich verantwortlich mit meinen Kräften umgehen. Ich glaube aber nicht, dass der Verstand alleine ausreicht, um moralische Gesetze zu ergründen. Dazu bedarf es zusätzlich einer moralischen Festsetzung. Ein Beispiel: Die Freiheit der Wissenschaften. Lange Zeit dachte man, der hohe

Verstand der Wissenschaftler reiche völlig aus, um die ethischen Folgen ihrer Forschung abzuschätzen. Doch sei es nun die Atombombe oder die Genforschung: Die Wissenschaft hat sich immer erst mit der Erforschung des technisch Machbaren beschäftigt, ohne sich Gedanken über die ethischen Probleme bei der Anwendung zu machen. Was als ethisch verantwortlich empfunden wird, entscheidet sich aus dem moralisch ethischen Hintergrund, sei der nun dem Christentum, Wicca, Voodoo oder einem einfachen Humanismus entnommen.

Ich empfinde Satanismus als eine ungesunde und abartige Anwendung von Magie, die aber genau dann leicht entstehen kann, wenn nur noch ich selbst mit meiner eigenen Einschätzung das Maß aller Dinge bin. Der Verstand kann nicht immer erkennen, ob ich schon heimlich zu Größenwahn oder Machtbesessenheit übergelaufen bin. Daher sollte man neben seinem Verstand auch das kritische Gefühl und ein moralisches Grundkonzept schulen, oder man holt sich den Rat und die Meinung von Außenstehenden ein, z. B. von anderen Mitgliedern im Coven, die sich der gleichen Moral wie man selbst verpflichtet fühlen.

Wenn du neu angefangen hast mit Magie, bist du vielleicht so begeistert davon, dass du viele Probleme zuallererst mit Magie lösen möchtest. Lerne, trotzdem weiterhin deinen gesunden Menschenverstand zur Lösung von Problemen einzusetzen. Wenn du mit Menschen in deiner Umgebung Konflikte hast, ist es wahrscheinlich nötig, sich auszusprechen und sich abzugrenzen. Eine reine Räucherung gegen »schlechte Energien« löst das Problem nicht (es sei denn, der Geruch vertreibt die dir unangenehme Person aus deinem Zimmer …). Genauso ist die Wirkung eines Erfolgszaubers begrenzt, wenn du nicht für eine Prüfung gelernt hast. Oder: Wenn du die Wohnungstür vor der Fahrt in den Urlaub nicht richtig abschließt, hilft es wenig, wenn du sie ohne Abschließen nur mit einem visualisierten Pentagramm versiegeln würdest. – Frage dich bei Problemen im Alltag also stets: Wie könnte ich das mit Magie lösen, wie könnte ich es ohne Magie lösen? Können sich beide Methoden ergänzen, oder widersprechen sie sich?

Genauso solltest du dich fragen, wenn du um Hilfe gebeten wirst: Wie kann ich der Person mit Magie helfen, wie kann ich ihr ohne Magie helfen? Will diese Person wirklich magische Hilfe, oder will sie einfach einen menschlichen Rat? Vielleicht hilft es deiner Freundin mehr, wenn ihr gemeinsam für die Bioarbeit lernt, statt wenn ihr einen Erfolgszauber ausprobiert und dann vor der Arbeit ins Schwimmbad geht. Frage dich auch, bevor du jemandem mit Magie helfen willst, ob du dabei jemand anderem schaden würdest. Frage dich, ob du bei der Person eine unrealistische Erwartung weckst, was sie erreichen oder erleben kann.

Wenn du neu anfängst, eine Orakeltechnik zu lernen, verhält es sich ähnlich. Am Anfang willst du ja lernen, z. B. die Tarotkarten anzuwenden und gut kennen zu lernen. Da die meisten Junghexen es langweilig finden, nur mit dem Buch und den Karten zu pauken, legen sie meist viel öfter die Karten, als gut ist für sie ist. Es ist aber wichtig, dass du gleichzeitig lernst, bei welcher Frage du überhaupt ein Orakel brauchst, und welche Frage du besser anders lösen würdest. Daher ist es besser, wenn du öfter eine Tageskarte ziehst, um die Karten kennen zu lernen, statt eine komplette Legung zu spielen.

Wenn du für jemand anderen ein Orakel deutest, gehe behutsam vor. Beachte die Reaktion der anderen Person, während du deutest – nicht nur ihre Worte, sondern auch ihre Mimik und Gestik. Versuche zu erspüren, ob sie Angst hat, ob sie sich freut oder ob sie erschrickt. Wenn du mit Orakeln noch am Üben bist und ein Orakel für eine Freundin legst, dann solltest du möglichst ehrlich damit umgehen, dass du noch am Anfang stehst. Sonst erwartet deine Freundin eine perfekte Deutung von dir und ist nur enttäuscht, wenn du auch noch über die Bedeutung nachdenken musst ...

Willst du einen Zauber wirken, dann mache dir klar, dass du dich dafür ganz mit der entsprechenden Energie auflädst. Du wirst die gewünschte Energie auf alle Fälle in dir verstärken und deine Kräfte anregen, wenn du die Kraft des Wünschens einsetzen willst. Rituale und Symbole dienen meiner Meinung nach dazu, in dir deine seelischen Kräfte anzuregen, so dass du in die Lage versetzt wirst, Dinge zu verwirklichen, die du dir wünschst. Es ist sehr schwer, diese Kraft für jemand anderen auf sich zu nehmen, demnach ist es auch schwer, für jemand anderen einen Zauber zu wirken.

Fragen zum Nachsinnen:

Was sind deine moralischen Grundlagen beim Hexen?

Wobei hast du dich in deinem magischen Alltag schon mal gefragt: »Will ich das wirklich tun? Sollte ich es tun?«

Wie schnell greifst du zur Magie, um ein Problem zu lösen? Achtest du auch auf andere Lösungswege?

## Woran glauben Wicca?

Da bei Wicca die Freiheit eines jeden einzelnen und einer jeden einzelnen über allem steht, gibt es kein verbindliches

Glaubensbekenntnis für alle Wicca. Das ist grundlegend anders als in den Buchreligionen, wo es feste Gebete und feste Bekenntnisse gibt. Wegen dieser Bekenntnisse haben sich Kirchenfürsten und Theologen gestritten, und Ketzer und Hexen wurden verbrannt. Das sollte bei Wicca nicht vorkommen, aber lebhafte Auseinandersetzungen und Austausch bis zum Streit über Glaubensinhalte gibt es durchaus. Und leider gibt es auch immer wieder die Diskussion, wer eine echte Wicca ist, wer sich so nennen darf usw. Lasst euch davon aber nicht abschrecken.

Wenn euer Coven nicht nur ein Junghexenlernkreis oder ein magischer Praxiskreis sein soll, sondern eine spirituelle Bedeutung für euch alle haben soll, kann es gut sein, dass ihr euch über eure Glaubensvorstellungen unterhaltet. Damit ihr für eure Covengründung eine erste Gesprächsgrundlage habt, was Inhalte des Wiccaglaubens sein können, habe ich hier einige mögliche Glaubensinhalte von Wicca zusammengestellt. Ich kann dir zwar auch nicht genau sagen, woran alle Wicca glauben, aber ich kann dir meinen persönlichen Wicca-Glauben vorstellen. Ihr könnt diesen Text als ein mögliches Beispiel nehmen und euch darüber austauschen, was es an Gemeinsamkeiten und Unterschieden in eurem Glaube und euren Vorstellungen gibt.

Ich glaube an die Göttin, an die eine göttliche Kraft hinter den 1000 Namen. Ich glaube, dass die männliche Seite der göttlichen Kraft genauso ihre Berechtigung hat, auch wenn sie für mich im Kult im Moment weniger Bedeutung hat. In früheren Jahren war das anders, da war für mich die männliche Seite der göttlichen Kraft wichtiger. Ich glaube aber, dass es für Männer und Frauen in gemeinsamen Ritualen wichtig ist, beide Pole, Gott und Göttin, zu benennen und zu erfahren. Ich glaube, dass jeder Mensch, Mann oder Frau, beide Teile, männliche wie weibliche Energien in sich trägt und sich früher oder später auch mit beiden Teilen auseinander setzen muss.

Ich glaube, dass alle Gottesvorstellungen auf dieser Erde menschliche Versuche sind, sich ein Bild von dieser göttlichen Kraft zu machen, die jenseits dieser Bilder steht. Ich glaube, dass ich mir ein Bild, mein Bild von der göttlichen Kraft machen darf, solange ich nicht vergesse, dass es ein Bild ist, das sich immer wieder wandeln darf und muss. Ich lehne Gottes- oder Göttinnenbilder ab, die benutzt werden, um Menschen zu unterdrücken oder um Menschen abzusprechen, dass sie auch Gottes Ebenbild sind. Ich glaube, wie in der Philosophie der Theosophie beschrieben, dass keine Religion höher sein darf als die Wahrheit selbst. Ich unterscheide zwischen menschengemachten religiösen Vorschriften und lebendiger, lebensbejahender Spiritualität.

Ich glaube ferner, dass alle Menschen aus der göttlichen Kraft kommen und wieder zu ihr zurückkehren. Ich bin davon überzeugt, dass die Gottheit mit Weisheit über den Zyklus von Geburt, Tod und Wiedergeburt wacht. Ich glaube, dass die Verstorbenen und die Ungeborenen eins sind. Ich denke aber nicht, dass es wichtig ist, dem Kreislauf von Geburt, Tod und Wiedergeburt zu entfliehen, sondern dass es wichtiger ist, die jeweilige Existenz anzunehmen. Ich glaube nicht, dass es wichtig ist, sich an frühere Leben zu erinnern oder diese Erinnerungen gar durch drastische Techniken hervorzuzerren. Ich glaube vielmehr, dass viele Menschen vollauf damit beschäftigt sind, ihr jetziges Leben zu begreifen und zu meistern und dass Erinnerungen aus früheren Leben nur für wenige zu verkraften sind. Ich weiß aus meinen Trancen und Träumen genug um die andere Wirklichkeit, um ein Vertrauen in den Kreislauf von Geburt, Tod und Wiedergeburt zu haben. Ich habe keine Angst vor dem Tod, da er mich zu den Ahninnen und den Ungeborenen zurückführt.

Eine strafende Jenseitsvorstellung lehne ich ab. Dennoch glaube ich, dass das Gesetz von Geburt und Wiedergeburt meinen Lebensentwurf und meine Lebensweise so korrigiert, dass ich durch immer neue Erfahrungen weiter lernen und meine Seele sich weiter entwickeln kann.

Ich glaube, dass Psychologie eine gute Ergänzung zur magischen Ausbildung sein kann, da sie mir helfen kann, mein Leben bewusster zu leben und mehr Verantwortung für mein Leben zu übernehmen. Psychologie kann mir helfen, bei allen spirituellen Grenzerfahrungen auch meine seelische Gesundheit zu bewahren und auf dem Teppich zu bleiben. Genauso können Magie und Spiritualität die Psychologie ergänzen, indem sie das Menschenbild der Psychologie um die spirituelle Dimension und die Kraft des Wünschens und Sehens erweitern.

Ich glaube an die Kraft der Natur und dass es jedem Menschen gut tun könnte, sich bewusst wieder mit der Natur zu verbinden. Ich glaube, dass es gesünder ist, die Früchte der Jahreszeit zu essen, statt mitten im Winter Süßkirschen aus Chile zu essen oder Rosen aus Brasilien zu kaufen. Ich glaube, dass auch Menschen in der Großstadt nicht völlig unabhängig sind vom Rhythmus der Jahreszeiten und von den sich wandelnden Lichtverhältnissen, die beim Tanz der Erde um die Sonne entstehen. Ich glaube, dass es mir Kraft und Sinn für mein Leben gibt, mich an den Jahreskreisfesten und an den Mondfesten bewusst mit der Energie der Jahreszeit oder der Energie des Mondes zu verbinden.

Ich glaube, dass es die Kraft der Liebe ist, die diese Welt zusammenhält. Es ist die Kraft der Liebe des Elektrons zum Proton, die Kraft der Liebe zwischen den Planeten und der Sonne, die Liebe des Mondes zur Erde, die Kraft der Liebe zwischen den Menschen. (Danke, Starhawk für diesen Gedanken.) Ich glaube, dass Sexualität eine lebensbejahende Kraft ist, auch wenn sie oft unterdrückt oder nur entstellt gelebt wird. Ich denke, dass es leider viele Menschen gibt, die die Kraft der Liebe und Sexualität mit der Frage nach Macht und Ohnmacht verbinden. Ich glaube nicht an den Sinn der freien Liebe, auch nicht an den Beltanefeuern, aber an den Sinn der Sexualität, wenn sie von Liebe begleitet ist. Ich glaube also an die lebensbejahende Kraft unserer Sinnlichkeit und dass wir nur über unsere Sinne auch zum Übersinnlichen kommen.

Ich glaube an die das Leben bereichernde Kraft der Trance, der Träume und Visionen, an die Kraft des aktiven Wünschens und an die Demut, mit der wir all unser Wünschen auch wieder loslassen und der göttlichen Kraft überlassen müssen. Ich glaube, dass Trance, Träume und Visionen uns einen anderen, einen korrigierenden Blick auf die Wirklichkeit des normalen Wachbewusstseins geben können. Ich sehe allerdings auch die Gefahr, sich ganz in Träumen zu verlieren, an die verwirrenden Wünsche unser reales Leben zu opfern oder sich unserer Verantwortung für unsere Existenz durch Träume entziehen zu wollen. Trance mit Drogen einzuleiten lehne ich ab, da es ein Verfahren ist, was bei den meisten Menschen eher zu Verletzungen, Unklarheit und Sucht führt. Ich bin dafür, die Visionen klar, wach und nüchtern zu suchen, denn dann lassen sie sich meistens besser in unseren Alltag integrieren. (Danke, Ziriah Voigt für diesen Gedanken.)

Ich glaube, dass Magie nicht nur auf weiß-rot-schwarzem Samt geschehen sollte, sondern genauso beim Zwiebelschneiden. (Danke, Ute Schiran für diesen Gedanken.) Ich glaube, dass es sinnvoller ist, Magie in den Alltag zu integrieren und zu erden, als Magie nur für wenige feierliche Momente im Leben aufzubewahren.

Ich glaube an die große Lebensuhr, die sich in der Bewegung der Sterne und Planeten findet, und dass es mein Leben bereichert, wenn ich das Wissen der Astrologie nutze. Ich glaube nicht, dass die Planeten die Ursache sind für irgendetwas, das auf der Erde stattfindet, sondern dass sie lediglich wie eine Uhr die Zeitenergie anzeigen. Ich glaube, dass mein Leben leichter und bewusster verläuft, wenn ich mit dieser Zeitenergie zu leben versuche, statt dagegen anzugehen. Ich glaube nicht an den Zufall. Ich glaube, dass der Zufall in der Geschichte der Menschheit eine relativ neue Idee ist, die mit dem Aufstreben der Naturwissenschaften in der Renaissance einsetzte. (Danke, Rachel Pollak für diesen Gedanken.)

Ich glaube, dass es mein Leben bereichern kann, mich hin und wieder einem Orakel zu öffnen, wenn ich das Orakel sorgfältig und nach den Regeln der Kunst ausdeute und mich selbst dabei nicht belüge. Ich glaube, dass es jedem selbst überlassen ist, inwiefern er eine Orakeltechnik oder die Lehren der Astrologie nutzen will, und versuche, niemanden zu missionieren. Überhaupt bin ich davon überzeugt, dass Wicca nicht durch Mission verbreitet werden sollte, aber durch mutige Bekenntnisse, Aufklärung und natürliche Anziehungskraft.

Ich glaube, dass es verschiedene Orakeltechniken gibt, die unterschiedlich stark anfällig sind für seelische und spirituelle Unfälle (Oija-Brett und Gläserrücken halte ich für sehr gefährlich). Ich möchte suchende Menschen ermutigen, eher sichere und weniger gefährliche Orakeltechniken wie Tarot oder Astrologie zu nutzen. Ich glaube nicht, dass es nötig ist, tägliche Orakel zu betreiben oder für jede Frage des Alltags ein Orakel zu bemühen. Ich darf auch als Magierin meinen gesunden Menschenverstand für alltägliche Entscheidungen nutzen. Ich will Orakel als Entscheidungshilfe nutzen, aber nicht, um mich vor Entscheidungen zu drücken oder keine Verantwortung für mein Leben zu übernehmen.

Ich glaube nicht, dass für Magie im Alltag eine große Ausstattung notwendig ist, auch wenn sich bei mir im Laufe der Jahre einige Kelche, Federn, Steine, Muscheln, Bücher und Tarotkarten angesammelt habe. Ich glaube, dass die wichtigsten Werkzeuge der Magierin und der Priesterin sie selbst, ihr Wissen und ihre bewusste Verbindung zur göttlichen Kraft sind.

Ich glaube nicht an den Satan und glaube, dass die Verwechslung von Wicca und Satanismus eines der unheilvollsten Missverständnisse im Zusammenhang mit Wicca ist. Das Bild des Teufels, wie es in den monotheistischen Buchreligionen erscheint, ergibt in Wicca keinen Sinn, da Wicca sich auf eine vorchristliche und polytheistische Welt bezieht. Dennoch glaube ich an die Gefahren des Bösen und an elementare böse Energien, wie z. B. den Wunsch nach Machtmissbrauch, den Wunsch, andere zu manipulieren oder anderen zu schaden. Ich glaube an die Kraft des «Tu was du willst, aber schade niemandem!« und dass die gewirkte Energie dreifach auf mich zurückfällt. Insofern glaube ich, dass Wicca eine klare moralische Orientierung hat.

Ich glaube, dass Spiritualität nicht einfach so da ist, sondern entwickelt und gepflegt werden muss. Daher kann es hilfreich sein, einen Hausaltar zu haben und zwischen den großen Festen Kerzen abzubrennen, zu räuchern und eine kleine Andacht zu halten. Es kann helfen zu meditieren und meinen eigenen Meditationsrhythmus zu finden. Ich glaube, dass die Kraft der Gebete und regelmäßige «Verabredungen« mit der göttlichen Kraft mir helfen können, in Kontakt mit mir selbst und der göttlichen Kraft zu bleiben.

Ich glaube, dass ein Traumtagebuch und ein magisches Tagebuch mir helfen können, meine magischen Begabungen zu entwickeln und zu entdecken. Ich meine, dass meine magische Entwicklung und meine menschliche und persönliche Entwicklung zusammen gehören und dass daher ein Ringen um Selbsterkenntnis und Selbstliebe in meiner magischen Ausbildung ganz wichtig sind. Ich glaube fest daran, dass es magische und übersinnliche Begabungen gibt.

Dies sind verschiedene Seiten meines persönlichen Wicca-Glaubens. Nichts davon sollte für dich eine Vorschrift oder ein Dogma sein. Nutze deine Freiheit, lies andere Bekenntnisse anderer Wiccaner, und entwickle dein eigenes Bild, deine eigenen Vorstellung, deinen Glauben. Tauscht euch im Kreis über euren Glauben und eure spirituellen Vorstellungen aus, sonst kann es zu späterer Zeit Missverständnisse im Ritual geben. Ihr werdet keine 100-prozentige Übereinstimmung finden, aber ihr solltet euch soweit annähern, dass ein gemeinsames Ritual mit gemeinsamen Anrufungen möglich ist.

Fragen zum Nachsinnen:

Wie klar bist du dir über deinen Glauben?

In welchen Glaubensanteilen hast du dich wieder erkannt?

Was war dir neu, was bleibt dir fremd?

Hast du dich schon einmal mit anderen Wicca über deinen Glauben ausgetauscht? Wie ging es dir damit?

## Farbenlehre im Alltag

Viele Hexen wenden Farben im Alltag und im Ritual sehr bewusst an, d. h. sie achten beispielsweise auf die Farben ihrer Kleidung, der Kerzen oder der Amulette. Nachfolgend gebe ich dir einen kurzen Überblick über die Grundlagen der Farbenlehre.

Da die Lehre von magischen Farben im Alltag für viele Menschen von der Chakrenlehre geprägt ist, werde ich die magische Anwendung von Farben hier auch anhand der Chakren darstellen. Bei der Anwendung der Chakrenfarben als Kleidungsfarben gilt wie beim Räucherwerk auch, dass es wichtig ist, die persönlichen Vorlieben zu berücksichtigen. Es hilft dir nichts, wenn du eine Kleiderfarbe aus magischen Überlegungen trägst, dich dabei aber nicht wohl fühlst. Wenn du jedoch eine Farbe als Kleidung ablehnst, kann es interessant sein, dich zu fragen, ob du auch mit dem Thema des Chakras Probleme hast.

Die Lehre von den Chakren kommt aus östlichen, spirituellen und medizinischen Lehren und basiert auf der Vorstellung, dass es neben unserem materiellen Körper auch mehrere feinstoffliche Energiekörper gibt. Dazu gehört die Vorstellung, dass der materielle Körper ohne diese feinstofflichen Energiekörper nicht lebensfähig wäre und dass es für die seelisch-körperliche Gesundheit wichtig ist, dass beide harmonisch zusammenarbeiten. Der bekannteste feinstoffliche Energiekörper ist der Astralleib, es gibt in der Lehre der Theosophie aber außerdem den Mentalkörper, den Emotionalkörper und den Ätherkörper, dem auch die Chakren zugeordnet werden. Diese Energiekörper umgeben den materiellen Körper unterschiedlich dicht.

Die Chakren sind in dieser Vorstellung Energiezentren, die sich vom Rumpf bis in den Kopf wie auf einer Perlenschnur durch den Körper verteilen. Sie haben die Form von Blütenkelchen, die sich nach unten, oben oder nach vorne und hinten öffnen und aus der Körpermitte entspringen, also ungefähr aus dem Bereich des Rückenmarks. Außerdem befinden sie sich in einer kreisenden Bewegung, woraus auch die Bezeichnung Chakra, was im Sanskrit »Rad« bedeutet, resultiert. (Sanskrit ist die alte, heilige Sprache Indiens, in der einige

Weisheitsschriften verfasst sind. Es wird heute nicht mehr gesprochen.) Einige dieser Chakren lassen sich Hormondrüsen zuordnen, die ja auch aus der heutigen Sicht der Medizin eine wichtige steuernde Funktion über viele Körperfunktionen haben. Die Anzahl der Chakren unterscheidet sich je nach Meditationslehre und Autor. Ich bin es gewohnt, mit einer Anzahl von sieben Hauptchakren zu arbeiten, deren Farbenabfolge (von unten nach oben) den Regenbogenfarben entspricht:

| | |
|---|---|
| Wurzelchakra | rot |
| Sexualchakra | orange |
| Solarplexuschakra | gelb |
| Herzchakra | grün-rosa |
| Kehlkopfchakra | hellblau |
| Stirnchakra | indigoblau |
| Scheitelchakra | violett |

Manche Autoren arbeiten noch mit einem Hauptchakra unterhalb des Wurzelchakras (in magenta) oder mit einem Chakra oberhalb des Scheitelchakras (in weiß). Außerdem gibt es in den alten Überlieferungen eine Fülle von Informationen über kleinere Chakren, wie z. B. an den Händen oder Füßen. Die Chakren an den Händen sind bei der Ausübung von Reiki etwa wichtig (Reiki ist eine japanische Heiltradition, die mit heilender Berührung arbeitet).

Die klassische Meditationshaltung für eine Chakrenmeditation, bei der alle Chakren gleichmäßig angeregt werden sollen, indem z. B. die entsprechenden Farben visualisiert werden, ist eine aufrechte Sitzhaltung im Yogasitz. Ich arbeite aber selbst auch gerne mit einer liegende Haltung, weil ich sie länger durchhalten und dabei leichter in Trance gehen kann.

Was ist nun die Bedeutung der einzelnen Chakren, mit welchen Kräften stehen sie in Verbindung, und was ist der Sinn einer Chakrenmeditation?

Eine Chakrenmeditation kann zum einen den Zweck haben, alle Chakren gleichmäßig zu aktivieren. Hilfreich ist dabei eine gute Vorstellungskraft, denn die Visualisation eines Farbballs an der entsprechenden Stelle ist die einfachste Form, die Chakren anzuregen. Es gibt aber noch andere Möglichkeiten, die Chakren anzuregen oder zu beruhigen, so z. B. durch ätherische Öle oder das Auflegen von Halbedelsteinen und Edelsteinen auf der Körperoberfläche möglichst nahe am Chakra. Daneben kann man die Energiezentren auch durch das Singen von Tönen in unterschiedlichen Höhen aktivieren.

Du kannst auch erst einmal eine Meditation machen, um zu prüfen, wie deine Chakren arbeiten. Wenn du deiner inneren Vorstellungskraft freien Lauf lassen kannst, ist es z. B. möglich festzustellen, welche Chakren bei dir stärker und welche schwächer arbeiten. Dann kannst du durch andere Techniken als Visualisation versuchen, einen Ausgleich herbeizuführen. Außerdem stärkt eine Chakrenmeditation deine Fähigkeit, deinen feinstofflichen Körper wahrzunehmen. Auch wenn du nicht hellsichtig oder hellfühlig bist, kannst du mit solch einer Meditation lernen, die innere Wahrnehmung deiner Körperenergie zu verbessern.

Die Bedeutung der einzelnen Chakren und ihrer Farben:

*Das Wurzelchakra – die Farbe Rot*

Das Wurzelchakra liegt am unteren Rumpfende in der Mitte zwischen dem Damm und den Geschlechtsorganen.

Der rotierende Blütenkelch öffnet sich hier nach unten zur Erde hin und verbindet uns so mit Mutter Erde. Das Wurzelchakra ist das Energiezentrum, über das wir uns im Ritual erden und über das wir mit der materiellen Welt verbunden sind. Ebenso sind wir über das Wurzelchakra mit unserem materiellen Besitz und der Arbeit, mit der wir Geld verdienen, verbunden. Visualisiert wird es in Rot, was durch das Rot des Menstruationsblutes entstanden sein kann, denn nach meiner Erfahrung aktiviert die Menstruation das Wurzelchakra zusätzlich. Bei Männern liegen die männlichen Hormondrüsen noch unterhalb des Wurzelchakras.

Aktiviert werden kann das Chakra durch die Farbe Rot, das ätherische Öl der Zeder oder durch das Auflegen roter Steine, z. B. roter Jaspis. Beim Singen von Chakrentönen wird hier ein tiefes »U« auf dem tiefen C gesungen. Das Wurzelchakra ist dem Element Erde zugeordnet, da es uns mit der Erdenergie verbindet.

Bei einer Unterfunktion dieses Chakras sind wir schlecht geerdet, was für viele spirituelle Übungen eine Gefahr darstellt. Bei einer Überfunktion dagegen sind wir geistig träge und zu sehr auf den Körper und materielle Werte fixiert.

Die Farbe Rot kann in der Magie also genutzt werden, um sich zu erden. Wenn du am Anfang eines Rituals eine Erdung vornimmst, indem du Wurzeln von deinen Füßen in den Boden visualisierst, kannst du die Energie der Erde in rot visualisieren. Rot ist bei den Jahreskreisfesten die Farbe der Sommerfeste (Walpurgis), der Sommersonnenwende und der Schnitterin. In den Ritualen steht es für die Feste der mütterlichen, verführerischen und fruchtbaren Göttinnen. Die Farbe Rot kannst du als Kleidung tragen an einem Tag, an dem du dich schlecht geerdet und schlapp fühlst.

*Das Sexualchakra – die Farbe Orange*

In der Meditation wird das Sexualchakra oder auch Sakralchakra (vom entsprechenden Abschnitt der Wirbelsäule, Kreuzbein, Sacrum im Lateinischen) etwas oberhalb der weiblichen Hormondrüsen visualisiert. Ein aktives Sexualchakra leuchtet in einem hellen Orange, und der Blütenkelch öffnet sich nach vorne. Dies ist das Energiezentrum, dass uns mit unserer Sexualität und unseren Sexualpartnern verbindet. (Dennoch geht die Chakrenlehre davon aus, dass in einer reiferen Sexualität von spirituell hoch entwickelten Menschen eine Verbindung zwischen allen Chakren besteht.) Bei Frauen liegen die sexuellen Hormondrüsen im zweiten Chakra.

Aktiviert werden kann es durch die Farbe orange, durch Sandelholz- oder Patchuliöl, durch orange Steine, wie z. B. Karneol. Beim Singen von Chakrentönen wird hier ein geschlossenes «O« auf dem D der Tonleiter gesungen. Dem Sexualchakra wird das Element Wasser zugeordnet, da Körperflüssigkeiten und Emotionen eine entscheidende Rolle bei der Sexualität spielen.

Bei einer Unterfunktion dieses Chakras kann sexuelle Lustlosigkeit, Potenzstörungen oder Frigidität auftreten, auch das Gefühl für unsere sexuelle Attraktivität nimmt ab. Bei einer Überfunktion dagegen neigen wir dazu, alle menschlichen Kontakte mit einer sexuellen Färbung zu versehen. Es besteht dann die Gefahr, ständig zu flirten, Affären einzugehen und unsere sexuelle Lust über alles zu stellen.

Im Alltag kannst du orange Kleidung tragen, wenn du niedergeschlagen bist und dir Power und Lebenslust fehlen. Orange Kleidung soll regelrecht antidepressiv wirken, ob sie im engeren Sinne sexuell anregend wirkt, ist allerdings umstritten. Im Jahreskreis wird Orange den Herbstfesten zugeordnet, dem orange-gelben, goldbraunen Herbstlaub an der Herbst-Tag-und-Nacht-Gleiche und dem Orange der Kürbislaternen an

Halloween. An Halloween kann eine Beimischung von Orange in der Festdekoration genutzt werden, wenn eine trauernde Person im Kreis bei einem rein schwarzen Fest in zu tiefe Trauergefühle abstürzen würde.

*Das Solarplexuschakra – die Farbe Gelb*

Das Solarplexuschakra ist nach einem feinen Nervengeflecht des autonomen Nervensystems benannt, das ungefähr in Magenhöhe die Oberfläche des Oberbauches durchzieht. Über das Solarplexuschakra werden Gefühle von persönlicher Macht und Kraft, aber auch Machtmissbrauch oder Ohnmachtsgefühle vermittelt. So kann es passieren, dass wir uns vor einer Prüfung ohnmächtig und in der Magengegend ganz schlecht und übel fühlen. Energetischer Vampirismus, bei dem eine Person einer anderen Person bewusst oder unbewusst Kraft entzieht, geschieht meist auf der Ebene dieses Chakras. Hier liegt auch unser Nabel, weswegen man auch von einer energetischen Nabelschnur spricht, wenn hier jemand Energie absaugt. Ein aktives Solarplexuschakra leuchtet in goldgelb. Benachbarte Hormondrüsen sind die Nebennierenrinde und die Bauchspeicheldrüse, die mit Stresshormonen und Energiehaushalt in Form des Zuckerhaushaltes zu tun haben.

Aktiviert werden kann dieses Chakra durch die Farbe Gelb, durch Zitrusöle, wie z. B. Zitrone oder Bergamotte, aber auch durch Rosmarinöl; beruhigt werden kann es durch Lavendelöl. Aktiviert wird es ferner durch das Auflegen gold-gelber Steine wie Tigerauge, Edeltopas, Zitrin oder Bernstein. Beim Singen von Chakrentönen wird hier ein offenes »O« auf dem E der Tonleiter gesungen. Dem Solarplexuschakra wird das Element Feuer zugeordnet, da es der Sonnenenergie ähnlich ist und das Thema der persönlichen Macht ein klassisches Feuerthema ist.

Bei einer Unterfunktion dieses Chakras sind wir schlapp, energielos und trauen uns wenig zu. Bei einer Überfunktion dagegen haben wir zu viel Power, sind überengagiert, zetteln zu viele Projekte gleichzeitig an und verlieren uns in Aktionismus, Konflikten oder Machtspielen.

Gelbe Kleidung kann dich unterstützen, wenn du dich kraftlos und schlapp fühlst. Sie kann dein Gefühl für deine persönliche Kraft stärken. In den Jahreskreisfesten ist Gelb der Frühlings-Tag-und-Nacht-Gleiche zugeordnet, hier steht es für die leuchtend gelben Frühlingsblüten, die Kraft der Frühlingssonne und des Neuanfangs.

*Das Herzchakra – die Farben Rosa und Grün*

Das Herzchakra wird in der Mitte der Brust in Herzhöhe visualisiert, in einem zarten Grün mit einer rosa Mitte, wie eine Heckenrose. Es verbindet uns mit unseren Liebespartnern, mit allen liebevollen Gefühlen für andere wie mit unserer gesunden Selbstliebe und einer Schwingung der Liebe in der ganzen Welt. Es wird oft geschwächt durch emotionale Zurückweisung und ist bei den meisten Menschen daher sehr zart, verletzlich oder sogar verschlossen, während ein aktives Herzchakra in rosa-grün leuchtet. Als Hormondrüse kann es mit der Thymusdrüse verbunden werden, die aber nach Ansicht der westlichen Medizin nur im Kindes- und Jugendalter Wachstumshormone produziert und im Erwachsenenalter nicht mehr aktiv sein soll oder nur noch eine geringe Rolle bei der Abwehr von Krankheiten hat.

Aktiviert werden kann das Herzchakra durch die Farben Grün oder Rosa und durch Rosenöl. Beruhigt werden kann es durch Melissenöl, das im Preis genauso teuer und kostbar ist wie Rosenöl. Aktiviert werden kann es ferner durch das Auflegen grüner Steine, wie Jade oder Malachit, und rosa

Steine, wie Rosenquarz. Eine natürliche Kombination von Rosa und Grün in einem Stein findet sich im Wassermelonenturmalin, der daher der ideale Stein für dieses Chakra ist – er ist jedoch relativ teuer. Beim Singen von Chakrentönen wird hier ein «A« auf dem F der Tonleiter gesungen. Dem Herzchakra wird manchmal das Element Luft zugeordnet, ich empfinde das Element Wasser wegen der Nähe zu Gefühlsthemen jedoch als stimmiger.

Bei einer Unterfunktion dieses Chakras glauben wir nicht mehr an unsere Liebesfähigkeit und Liebenswürdigkeit. Wir sind verletzlich, ziehen uns in uns selbst zurück und haben den Glauben an die Liebe verloren. Bei einer Überfunktion dagegen neigen wir dazu, unsere Umgebung mit Liebe zu überschütten, zu fürsorglich oder erdrückend zu sein oder zu glauben, die ganze Welt umarmen zu können. Wir sehen dann Konflikte und Unterschiede zwischen den Menschen nicht mehr.

Kleidung in zarten Rosa- und Grüntönen unterstützt das Herzchakra. Sie kann dir helfen, deine Herzenskraft und deine gesunde Eigenliebe zu stärken. Da das Herzchakra außerdem mit allen anderen Chakren verbunden ist, wirkt die Kleiderfarbe Grün ausgleichend und harmonisierend bei einem Überschuss einer Chakrenenergie. Im Jahreskreis wird die Kombination von Rot- und Grüntönen dem Walpurgisfest zugeordnet und an Walpurgis oft als Ausdruck der Vereinigung von Gott und Göttin gesehen. An Walpurgis hat diese Vereinigung jedoch eine stark sinnlich-erotische Bedeutung und ist eher der freien Liebe zugeordnet.

*Das Kehlkopfchakra – die Farben Türkisblau und Hellblau*

Das Kehlkopfchakra wird in Höhe des Kehlkopfes in hellblau visualisiert, es öffnet sich nach vorne und nach hinten.

Es steht für unsere Fähigkeit zu sprechen und die Welt mit Geist und Sprache zu erschließen. Ebenso symbolisiert es erste übersinnliche Wahrnehmungen und alle Formen der Kommunikation. Es steht für unsere Fähigkeit zur Kommunikation, zur Reflektion und zum Selbstausdruck. Ein aktives Kehlkopfchakra leuchtet in hellblau-türkisgrün. Als Hormondrüse ist es mit der Schilddrüse verbunden, die nicht nur unseren Stoffwechsel, sondern auch unsere geistige Wachheit, Beweglichkeit und Konzentrationsfähigkeit steuert.

Aktiviert werden kann es durch die Farben Hellblau und Türkisgrün, durch Salbei- oder Eukalyptusöl und durch das Auflegen hellblauer Steine, wie Aquamarin oder Türkis. Beim Singen von Chakrentönen wird hier ein »E« auf dem G der Tonleiter gesungen. Dem Kehlkopfchakra wird manchmal bereits das Element Äther zugeordnet, ich empfinde das Element Luft aber als stimmiger, da unsere Fähigkeit zu sprechen und zu hören eng mit dem Atem und den Schwingungen des Mediums Luft zusammenhängt.

Bei einer Unterfunktion dieses Chakras kommunizieren wir weniger, werden wortkarg oder gar heiser und ziehen uns aus der Kommunikation mit unseren Mitmenschen zurück. Bei einer Überfunktion dagegen sprudeln wir über beim Reden und Erzählen, und es besteht die Gefahr, dass wir unsere Mitmenschen in einem Wortschwall regelrecht ersticken. Wir können zudem schlecht zuhören, worunter der Austausch in der Kommunikation leidet.

Kleidungsfarben in hellen Blautönen unterstützen deine Geisteskraft und eine wache Kommunikation. Hellblau kann eine gute Farbe sein, um z. B. einen Vortrag wach, klar und konzentriert halten zu können. Im Jahreskreis wird das zarte Himmelblau oft mit dem Spätsommer assoziiert, wenn durch die erste Herbstfärbung der Blätter das Blau des Himmels besonders intensiv leuchtet.

*Das Stirnchakra – die Farbe Indigoblau*

Das Stirnchakra wird in der Mitte der Stirn an einer Stelle zwischen den Augen oberhalb der Nase visualisiert und öffnet sich nach vorne. Ein aktives Stirnchakra leuchtet in dunklem Indigoblau, wie eine klare Sternennacht. Es steht für unsere intuitiven Fähigkeiten, aber auch für übersinnliche Fähigkeiten wie Wahrsagen oder Hellsehen und für unsere Verbindung zu einer höheren Macht, einer höheren Intelligenz als der menschlichen. Es verbindet uns mit Menschen, die mit uns auf einer gemeinsam spirituellen Suche sind und sich auch in Gebet, Ritual und Meditation für diese höhere Kraft öffnen. Dieses Chakra wird auch »inneres Auge« genannt und der Hirnanhangsdrüse zugeordnet, die eine steuernde Funktion über die anderen Hormondrüsen hat.

Aktiviert werden kann es durch die Farbe Indigoblau, durch Minze- oder Jasminöl und durch das Auflegen dunkelblauer Steine, wie Sodalith, Lapislazuli oder Saphir. Beim Singen von Chakrentönen wird hier ein «I« auf dem A der Tonleiter gesungen. Dem Stirnchakra kann das Element Wasser für spirituelle Intuition oder auch das Element Äther für den höheren geistigen Bereich zugeordnet werden.

Bei einer Unterfunktion dieses Chakras haben wir kaum noch Kontakt zu unserer inneren Stimme und zu unserer Intuition. Wir fällen Entscheidungen eher aus dem Bauch heraus oder aufgrund von materiellen Überlegungen, aber nicht mehr in Übereinstimmung mit dem höheren göttlichen Willen. Bei einer Überfunktion dagegen kann es zu einer Kopflastigkeit kommen oder zu einer Überbeschäftigung mit esoterischen Praktiken und Ideen, wodurch der Kontakt zur realen Welt mit ihren Anforderungen leidet.

Die Kleidungsfarbe Indigoblau kann deine intuitiven Fähigkeiten unterstützen, wäre also eine gute Farbe für die Robe einer Wahrsagerin. Indigoblau unterstützt dich auch beim geistigen Forschen oder beim Üben einer Orakeltechnik. Das Indigoblau des Himmels kann in unserem Jahreskreis am besten in klaren Sommernächten erlebt werden.

*Das Scheitelchakra – die Farbe Violett*

Das Scheitelchakra wird in der Höhe des Scheitels in violett visualisiert und hat das Aussehen eines Krokuskelchs, der sich nach oben öffnet. Es stellt unsere Verbindung zur Himmelsenergie dar. Durch das Scheitelchakra können wir Himmelsenergie aufnehmen, weswegen es den Gegenpol zum Wurzelchakra bildet. Es steht für unsere höheren geistigen Fähigkeiten wie Sinnsuche und Gotteserkenntnis. Es kann durch den Menschen alleine nicht aktiviert, sondern nur geöffnet werden – füllen muss es die göttliche Kraft. Das wird in Meditationen manchmal dadurch ausgedrückt, dass sich das Chakra nach oben hin öffnet zu einem weißen Licht als Bild der vollkommenen göttlichen Kraft, denn das weiße Licht trägt alle Farben in sich. Ein aktives Scheitelchakra ist bereit, sich zu öffnen, und leuchtet in hellem, zartem Violett. Es kann mit der Hormondrüse der Zirbeldrüse verbunden sein, die jedoch noch nicht ganz erforscht ist. Sie hat aber auch eine zentrale steuernde Funktion auf andere Hormondrüsen und Einfluss auf das Hormon Melantonin, das unseren Schlaf-Rhythmus mitreguliert. Sie ist ferner eng verbunden mit den Wirkungen der Lichtverhältnisse (die Ausschüttung von Melantonin im Winter und im Sommer ist unterschiedlich). So kann uns diese Drüse für die besondere Wahrnehmung der Feste und Lichtverhältnisse im Jahreskreis öffnen.

Aktiviert werden kann das Chakra durch die Farben Violett und Weiß, durch Olibanumöl (ein Einzelbestandteil von Weihrauchmischungen), Weihrauchmischungen und durch Myrthe. Ebenso kann es aktiviert werden durch das Auflegen violetter oder weißer Steine, wie Amethyst oder Bergkristall. Beim Singen von Chakrentönen wird hier ein helles hohes »Ü« auf dem hohen C der Tonleiter gesungen. Manche bevorzugen jedoch auch ein stilles »mh« auf dem H. Dem Scheitelchakra wird wieder das Element Äther zugeordnet, da man sich hier für den höheren geistigen Bereich öffnet.

Bei einer Unterfunktion dieses Chakras wird wenig spirituelle Sinnsuche angestrebt. Der Mensch lebt zufrieden mit den emotionalen und materiellen Anforderungen seines Alltags, und es steht ihm einfach nicht der Sinn nach Höherem. Bei einer Überfunktion dagegen besteht die Gefahr, sich mit geistiger Energie, mit Himmelsenergie zu »überladen« und den Bodenkontakt zu verlieren. Hier muss ein Ausgleich durch das Wurzelchakra gesucht werden.

Violett als Kleiderfarbe wurde in unserer Kultur oft abgewertet. Denken wir nur an den Spruch für ältere Frauen, die lila Kleidung tragen: »Lila, der letzte Versuch!« Es zeigt aber eher an, dass in dieser Lebensphase, in der die körperliche Fruchtbarkeit geendet hat, die geistige Fruchtbarkeit noch zunehmen kann. Violett unterstützt die Verbindung zur Himmelsenergie und die Meditation.

Violett lässt sich schwer den Farben des Jahreskreises zuordnen, es findet sich im Krokus des frühen Frühlings genauso wie im Blütenkelch der Herbstzeitlosen. Intensive Violettfärbungen können daneben auch bei Sonnenunter- und aufgängen am Himmel entstehen. In der Meditation kann als Tranceeinleitung ein Gang durch den Regenbogen in der Reihenfolge der Chakren visualisiert werden. Violett steht dann als letzte Farbe für den Übergang in die anderen Ebenen des Bewusstseins.

Zur Übersicht der Zuordnungen hier noch einmal eine Tabelle:

| Chakra | Farbe | Drüse | Öl (anregend) | Stein | Ton |
|---|---|---|---|---|---|
| Wurzel-chakra | rot | männl. Sexual-drüsen | Zedernöl | roter Jaspis | U |
| Sexual-chakra | orange | weibliche Sexual-drüsen | Sandel-holz, Patchouli | Karneol | geschlos-senes O |
| Solar-plexus-chakra | gelb | Nebennie-renrinde, Bauchspei-cheldrüse | Berga-motte, Zitrone | Tigerauge, Bernstein, Edeltopas | offenes O |
| Herz-chakra | grün-rosa | Thymus-drüse | Rose | Rosen-quarz, Jade, Wasser-melonen-turmalin | A |
| Kehlkopf-chakra | hellblau-türkis | Schild-drüse | Salbei, Eukalyptus | Aquamarin, Türkis | E |
| Stirn-chakra | indigoblau | Hirnan-hangsdrüse | Minze, Jasmin | Saphir, Sodalith, Lapislazuli | I |
| Scheitel-chakra | violett / weiß | Zirbel-drüse | Weihrauch, Myrthe | Amethyst, Bergkristall | Ü, mh oder OM |

Ausgleichende Verbindungen zwischen den Chakren kann man sich wie im heiligen siebenarmigen Leuchter des Judentums vorgestellen, d. h. alle Chakren haben über das Herzchakra eine ausgleichende Verbindung zur Mitte hin. Sonst korrespondieren sie miteinander nach dem Prinzip »wie unten so oben«, es gibt also einen guten Energieausgleich zwischen:

| | | |
|---|---|---|
| Wurzelchakra | und | Scheitelchakra |
| Sexualchakra | und | Stirnchakra |
| Solarplexuschakra | und | Kehlkopfchakra |

*Und zwischen allen Chakren über das Herzchakra*

In der Chakrenlehre sind einige häufige rituelle Kleiderfarben nicht vorgesehen, die ich hier noch gesondert besprechen möchte:

Braune Kleidung wirkt beispielsweise noch erdender als rote Kleidung und kann daher gut eingesetzt werden in Zeiten, in denen du eine bewusste Erdung brauchst. Im Jahreskreis wird braune Farbe vor allem der Herbst-Tag-und-Nacht-Gleiche zugeordnet.

Weiße Kleidung (als Grundenergie aller Farben) ist vor allem in Berufen üblich, bei denen die Personen viel geben müssen, wie etwa Ärzte und Krankenschwestern. Weiße Kleidung wird auch im Reiki bei der Ausübung der Kunst des Handauflegens empfohlen, denn sie macht dich weit für die Schwingungen der anderen Menschen. Gleichzeitig erschwert sie jedoch auch die Abgrenzung, und du strahlst mehr emotionale Energie ab, als du annimmst. Weiße Kleidung wird in unserer Kultur ferner oft auch mit Unschuld und Reinheit verbunden. Die weiße Farbe wird als Ritualfarbe dem Fest Lichtmess zugeordnet, an dem die Vision für das neue Jahr gesucht und erbeten wird.

Schwarze Kleidung dagegen wirkt energetisch entsprechend umgekehrt: Es ist eine Schutzkleidung, und ich denke, daher ist sie bei Junghexen so beliebt. Mit schwarzer Kleidung kannst du deine eigene emotionale Abstrahlung reduzieren und kannst dich besser abgrenzen sowie verteidigen. Deine emotionale Ausstrahlung ist mit schwarzer Kleidung für andere nicht so klar spürbar. Der Nachteil davon ist jedoch, dass du in dieser Kleidung selbst wenig Lichtenergie auftanken kannst. Daher solltest du schwarz nicht noch zusätzlich tragen, wenn du traurig oder sehr deprimiert bist. Du kannst schwarze Kleidung oder schwarze Halbedelsteine zudem nutzen, um die Wirkung eines Chakras zu dämpfen.

*Buchtipp:*

Eine gute Einführung in die Chakrenlehre ist »Das Chakrahandbuch« von Shalilla Sharamon und Bodo J. Baginski. Es ist 1988 erstmals im Windpferdverlag erschienen und immer wieder neu aufgelegt worden. Dazu gibt es auch eine entsprechende Meditations-CD.

Fragen zum Nachsinnen:

Was wusstest du schon über die einzelnen Farben und Chakren?

Welche Farben trägst du gerne im Alltag?

Welche Farben trägst du bei Ritualen?

Was ist deine Lieblingsfarbe? Was hast du Neues über sie erfahren in diesem Kapitel?

# II. Trance und Meditation

# Einführung in Trance und Meditation

Viele von euch Jüngeren interessieren sich für Trancezustände oder Meditationen. Ihr habt gehört, dass die meisten Hexen regelmäßig meditieren oder an den großen Ritualfesten in Trance fallen. Wenn ihr uns dann fragt, wie das geht und wie ihr in Trance gehen könnt, dann sagen wir Älteren entweder, dass ihr dafür noch zu jung seid oder dass ihr Trancen auf keinen Fall alleine ausprobieren sollt. Das klingt dann gefährlich und geheimnisvoll, und ihr wollt dann erst recht wissen, was das ist, wie ein Magier oder eine Hexe das macht, und warum es dabei Gefahren gibt. Oder ihr probiert es dann auf eigene Faust. Das kann dazu führen, dass ihr enttäuscht seid, wenn es gar nicht funktioniert hat, oder dass ihr einfach dabei einschlaft. Es kann aber auch sein, dass ihr Erfahrungen macht, die ihr euch nicht erklären könnt oder die euch auch etwas unheimlich sind.

Manche von euch haben vielleicht auch schon folgende Definition von Magie gehört, in der Trancen oder zumindest der Oberbegriff dazu direkt genannt wird:

»Magie ist die Kunst, willentlich den Bewusstseinszustand ändern zu können ...« (gelesen bei Herrmann Hesse, aber ebenso bei Dion Fortune). Meditation und Trance sind Techniken, mit denen diese Veränderung des Bewusstseinszustandes herbeigeführt werden kann. Was heißt das? Wie geht das? Woran merke ich, ob ich in Trance bin? Wie komme ich hinein und wie wieder raus? Und warum heißt es so oft, ich sollte nicht alleine mit Trance experimentieren?

Das folgende Kapitel soll versuchen, etwas Klarheit in das Thema zu bringen und wenigstens einen Teil eurer Fragen zu beantworten. Wie eben schon gesagt, die Trance soll helfen, eine andere Art von Bewusstseinszustand zu erreichen. Aber nicht alle Meditationen arbeiten mit ähnlichen Formen von Trance. Jede und jeder von euch wechselt ein oder mehrmals am Tag den Bewusstseinszustand, ohne dass euch das weiter auffällt. Andere oder veränderte Bewusstseinszustände ist daher ein wertneutraler Begriff. Wir sagen einfach, es gibt mehrere verschiedene Bewusstseinszustände, und keiner davon ist erst mal besser oder schlechter als der andere. Viele von euch können sich vielleicht an den Bewusstseinszustand erinnern, den wir haben, wenn wir uns am Morgen an Träume erinnern können. Im Traum könnt ihr Sachen machen, die im Wachzustand nicht gehen. Ihr könnt fliegen, unter Wasser ohne Taucherausrüstung wandern oder in Zeit und Raum frei spazieren gehen. Ihr könnt Menschen treffen im Traum, die schon längst verstorben sind oder nackt in der U-Bahn sitzen, ohne das seltsam zu finden. Im Traum passieren viele Dinge, die uns im Wachzustand nicht passieren könnten und die wir im realen Leben unlogisch oder seltsam finden würden. Deswegen hat der Traumzustand viele Völker und auch die Psychologen fasziniert.

Da alle Menschen träumen, auch wenn sich nicht alle daran erinnern, und alle Menschen tagsüber mehr oder weniger wach und ansprechbar sind, kennen somit alle Menschen mindestens zwei Bewusstseinszustände: das Traumbewusstsein und das alltägliche Wachbewusstsein. Wie ihr selbst wisst, gibt es auch Zwischenzustände, den so genannten Tagtraum. Ein Tagtraum ist auch ein anderer Bewusstseinszustand. Daran kannst du merken: Bewusstseinszustände zu wechseln beginnt ganz sanft und aus den unterschiedlichsten Ursachen heraus. Es ist nicht immer aufregend und spektakulär. Wenn dir in der Schule z. B. langweilig ist, kann es auch passieren, dass du ins Tagträumen kommst und plötzlich gar nicht mehr richtig hörst, was die Lehrerin sagt. Tagträume passieren meist eher unbeabsichtigt, wir geraten leicht hinein und sind relativ leicht wieder »voll da«. »Wieder voll da zu sein« heißt, wir sind wieder im Alltagswachbewusstsein.

Alle Bewusstseinszustände sind für uns Magier und Hexen gleichermaßen wertvoll und für verschiedene Dinge brauchbar. Der hellwache Zustand ist z. B. hilfreich, wenn ihr eine Klassenarbeit schreiben müsst und sie möglichst gut schreiben wollt. Der tagträumerische Zustand eignet sich dagegen dazu, wenn ihr etwas Kreatives machen, neue Pläne ausspinnen wollt oder ein Bild malt. Es kann aber im Straßenverkehr, wenn ihr Auto, Fahrrad oder Moped fahrt, bereits riskant sein, zu sehr im Tagtraum zu hängen, da ihr mehr für eure inneren Ideen und Bilder empfänglich seid und weniger für die äußeren Reize des Straßenverkehrs.

Trancen nun sind eine Art Überbegriff für viele Arten von veränderten Bewusstseinszuständen, die ähnlich den Tagträumen sind, da sie stattfinden, während wir körperlich wach sind, also nicht schlafen. Im Gegensatz zu Tagträumen, in die wir manchmal aus Langeweile, Sehnsucht oder Frust eher hineinrutschen, gehen die meisten Menschen bewusst in Trance, indem sie bestimmte Trancetechniken benutzen. Jeder Mensch hat die Grundfähigkeit in Trance zu gehen, allerdings spricht jeder auf verschiedene Techniken unterschiedlich stark an. Grundsätzlich ist es auch möglich, unbeabsichtigt in Trance zu gehen, auch ohne bewusste Anwendung einer Technik. Dies ist ein Schutzmechanismus der menschlichen Seele in Situationen, die extrem schmerzhaft oder lebensbedrohlich ist. Die Seele geht dann für kurze Zeit aus dem engen Kontakt zum Körper, um diese Situation nicht erleben zu müssen. Doch dazu später mehr.

Ob ein Mensch wach ist, ob er schläft, ob er träumt, ob er in Trance ist oder »ohnmächtig«, also bewusstlos, kann man auch auf wissenschaftlich anerkanntem Wege feststellen. Man nimmt dazu ein EEG (Elektro Enzephalo Gramm) ab. In einer Klinik oder in einem Schlaf- und Traumlabor kann man damit auf völlig schmerzlose Weise mit einem speziellen Gerät die ganz niedrigen elektrischen Gehirnströme und ihre Schwankungen messen. Wenn unsere Nervenzellen arbeiten, wird ein ganz schwacher elektrischer Strom freigesetzt, und den kann man messen und in Form von Kurven auf einem Blatt sichtbar machen. Diese Art der Schlaf- und Traumforschung ist schon sehr weit entwickelt. Es gibt im EEG bestimmte Messkurven, die typisch sind

- für den Wachzustand mit offenen Augen (so genannte Beta-Kurven),
- für den entspannten Wachzustand mit geschlossenen Augen (so genannte Alpha-Kurven)
- sowie diverse andere Kurven für verschiedene andere Schlafstadien.

Während einer Nacht mit gesundem Schlaf werden alle diese, auch Schlaf-Stadien genannten Bewusstseinszustände mehrmals durchlaufen. Daher kommt in der Esoterik auch manchmal der Begriff »Alpha-Zustand« für einen sehr entspannten Wachzustand mit geschlossenen Augen. Das klingt dann sehr geheimnisvoll. Der Begriff ist aber einfach abgeleitet von der Art von EEG-Kurven, die das Messgerät dann ausspuckt. Das heißt, es ist auch wissenschaftlich feststellbar, dass es einen Unterschied gibt zwischen einer sehr tiefen Entspannung, bei der aber noch ein Rest Wachbewusstsein erhalten ist, und einem echten Schlafzustand. Allerdings ähneln die EEG-Wellen in einem Traumzustand im Schlafen denen im sehr entspannten Wachzustand mit geschlossenen Augen sehr.

Das spricht dafür, dass der Bewusstseinszustand des Tagträumens dem des Nachttraumes nicht unähnlich ist.

Bewusst in Trance zu gehen bedeutet in der Regel, dass man sich mit einer bestimmten Technik in einen solchen sehr entspannten Zustand begibt, ohne dass man völlig einschläft. Damit gibt man der Seele die Möglichkeit, im Wachen in einen traumähnlichen Zustand zu gelangen. Klingt erst einmal ziemlich banal, ist aber gar nicht so einfach. Die meisten von euch kennen sicher die Erfahrung, eine meditative Musik oder eine Meditationskassette gehört zu haben und sich dabei entspannt zu haben, in eine Art Tag-Träumen geraten zu sein – um dann leider bald eingeschlafen zu sein. Du konntest nicht längere Zeit in diesem Zwischenzustand des Tagträumens bleiben. In der Regel ist das für untrainierte Menschen auch der normale Wechsel: Wir wechseln vom Wachzustand in den entspannten Wachzustand mit einer Art Tagtraumerlebnis bis wir in einen zunächst traumlosen, leichten Schlaf fallen; später schlafen wir dann tief. Nur mit einer gewissen Übung und mit gewissen Techniken ist es möglich, sich zu entspannen und in diesen tiefen Entspannungszustand zu gelangen, in dem eine Art bewusster Wachtraum möglich ist. Dabei ist es wichtig, dann eben nicht einzuschlafen, sondern wieder aktiv in den Wachzustand zurückzukehren, um berichten oder aufschreiben zu können, was man in diesem Zwischenzustand erlebt hat.

Während das EEG eine anerkannte wissenschaftliche Methode ist, um verschiedene Bewusstseinszustände von außen zu messen, zu beschreiben und zu unterscheiden, kann die Erlebnisweise der Trance von innen, also von der Person selbst, ganz anders sein. Eine magische Sicht der Trance, die eher diese innere Erlebensweise beschreibt, geht davon aus, dass sich die Seele in der Trance wie im Schlaf oder im Traum etwas vom Körper löst und in anderen Realitätsebenen unterwegs ist. Während der Körper schläft oder ruht, ist die

Seele in einer Art Traumwelt, einer anderen Realität, die völlig anderen Gesetzen gehorcht. Manche nennen das auch Astralreisen, aber es ist umstritten, ob jede Trance und jeder Nachttraum gleich eine Astralreise ist. Das Erleben von Raum und Zeit, von Logik, von Ursache und Wirkung ist in dieser Traumrealität völlig anders. Ihr wisst alle, dass ihr z. B. im Traum fliegen könnt, dass ihr Verstorbene im Traum erleben konntet. Das Wort »Anderswelt« kann als Versuch gesehen werden, einen Begriff zu schaffen für diese Traumwelt, in der andere Gesetze gelten und andere Erlebnisse oder Einsichten möglich sind. Das Wort Anderswelt gibt zu verstehen, dass diese andere Welt genauso eine Realität, also eine Wirklichkeit ist, die Kraft, Macht und Wirkung hat wie die wache Realität. Diese Sichtweise würde aber fast jeder Naturwissenschaftler oder auch fast jeder Arzt ablehnen ...

Bevor ich euch einige Gefahren der Trance und einige Trancetechniken beschreibe, so dass ihr wenigstens eine gewisse Vorstellung davon bekommt, wie so etwas geht, zunächst ein paar Worte dazu, warum Hexen, Magier, Schamanen oder Priesterinnen überhaupt in Trance gehen.

## Zweck und Ziele der Trance

Warum gehen Menschen in Trance? Die Trance ist nämlich kein Selbstzweck. Das heißt, wir gehen nicht in Trance, um in Trance zu gehen, sondern weil wir etwas Bestimmtes damit erreichen wollen. Die drei Hauptgründe, warum jemand in Trance gehen will, sind die Suche nach tiefer Entspannung oder nach Erkenntnissen über die eigene Seele sowie der Wunsch, Kontakt mit einer anderen Bewusstseinsebene zu bekommen – eben die Erfahrung der Anderswelt. Ich will nun genauer erklären, was damit gemeint sein kann.

### *1. In Trance gehen, um zu entspannen*

Man kann einfach in Trance gehen, weil es ein entspannender Zustand ist, weil man mal abschalten und sich erholen möchte. Das klingt vielleicht simpel, ist aber in unserer hektischen Alltagswelt ein echter Grund. Immer mehr Menschen wissen gar nicht mehr, wie sie wirklich entspannen sollen und greifen deswegen auch auf etwas exotische Techniken zurück. Medizinisch wichtig ist diese Art der Entspannung z. B. bei chronischen Muskelverkrampfungen, dauerhaften Schmerzzuständen und Schlafstörungen. Ein medizinisch anerkanntes Verfahren für diese Anwendung ist beispielsweise das Autogene Training – eine eher medizinisch begründete Entspannungstechnik, mit der du selbst lernen kannst, dich in den Alpha-Zustand zu versetzen. Die dadurch erreichte Tiefenentspannung wird oft als Ausgangspunkt für geleitete Phantasiereisen genutzt. Die Kosten für einen Kurs in Autogenem Training übernimmt daher manchmal sogar die Krankenkasse. Ein Kurs in Autogenem Training lehrt dich eine systematische Körperentspannung, die du zum leichteren Einschlafen oder als Ausgangsbasis für weitergehende Meditationen nutzen kannst.

### *2. In Trance gehen, um mehr über sich selbst zu erfahren*

Ein weiterer Grund, warum jemand in Trance gehen könnte, ist, weil er in Trance eher in Kontakt kommt mit seinen eigenen tieferen Seelenschichten. Was heißt das? Dazu reicht es, ein relativ einfaches psychologisches Seelenmodell zu benutzen, das inzwischen schon fast in das allgemeine Alltagsdenken übergegangen ist. Es geht davon aus, dass der Teil unserer Seele, der uns bewusst und zugänglich ist, nur ein kleiner Prozentsatz unseres gesamten Seelengeschehens ist. Der wesentlich größere Teil ist unbewusst. Wenn man das einmal akzeptiert hat, auch wenn es für einige von euch vielleicht merkwürdig klingt, dann ist es verständlich, dass man gerne manchmal wüsste, was sich im eigenen Unbewussten so abspielt. Einige Wege, dem eigenen Unbewussten auf die Spur zu kommen, sind die Traumdeutung, genauso unbewusste Versprecher, spontane Witze und Assoziationen und eben auch Trance und Hypnose.

Diese Anwendung der Trance, um mit dem eigenen Unbewussten in Kontakt zu kommen, ist auch in der Psychologie teilweise akzeptiert, sie wird z. B. in manchen Psychotherapieformen eingesetzt. Übliche psychologische Verfahren dazu sind die Hypnose oder so genannte Phantasiereisen. Dabei wird die Seele angeleitet, sich in Trance versetzen zu lassen, um unbewusste Seeleninhalte wieder klarer spüren zu können. Bei der Hypnose erinnert sich der Patient jedoch meist nicht an seine Erlebnisse unter Hypnose. Im Gegensatz dazu bleibt bei einer Trance das Erinnerungsvermögen und das Bewusstsein erhalten, in Trance zu sein.

### *3. In Trance gehen, um in Kontakt mit anderen Bewusstseinsebenen oder der Anderswelt zu kommen*

Was hat das alles mit Magie zu tun, fragt ihr euch jetzt vielleicht ... Der Psychologe C. G. Jung konnte sich der Beobachtung nicht verschließen, dass Menschen manchmal mit Erlebnissen und Erkenntnissen aus der Trance oder aus

Träumen zurückkamen, die er sich nicht so einfach erklären konnte. Entweder war das persönliche Unbewusste eine Ansammlung ungeheuren Wissens oder die Menschen bekamen über die Trance oder die Träume Kontakt mit einem größeren Bewusstsein, das über ihre eigene, persönliche Seele hinausging. Jung nannte diese andere Bewusstseinsebene das »kollektive Unterbewusstsein«. Er nannte es so, weil er sich vorstellte, das diese Ebene noch unter dem Unbewussten der einzelnen Menschen liegt und dass sie alle Menschen aller Länder und Zeiten miteinander verbindet. C. G. Jung vermutete, dass im kollektiven Unterbewusstsein viel Weisheit der gesamten Menschheit schlummert, aber auch Grundängste und eine Art Wissen über die gesamte Zeit der Menschheit. Dieses Modell des kollektiven Unterbewusstseins wird heute in der Esoterik und Magie gerne angewandt und erweitert auf die Erfahrungen anderer Bewusstseinsebenen in der Trance.

Das führt zur der magischen Anwendung der Trance: Du kannst Trancen nutzen, um mit einer anderen Bewusstseinsebene in Kontakt zu kommen. Dein eigenes persönliches Bewusstsein kann sich weiten und öffnen für den Kontakt mit anderen Erkenntnissen, anderem Wissen oder anderen geistigen Wesen. Du kannst in der Trance Kontakt bekommen mit einem Tiergeist, aber auch mit deiner verstorbenen Großmutter oder mit anderen Kräften und Geistern der Anderswelt. Das heißt, du kannst in Trance gehen, nicht nur weil du entspannen willst oder mehr über dich selbst in Erfahrung bringen willst, sondern weil du erleben willst, wie andere Bewusstseinsrealitäten sind und weil du dort in Kontakt mit anderem Wissen kommen kannst. Du kannst in Trance ein Orakel oder die Göttin um Hilfe oder um Trost oder um Schutz bitten. Du kannst in der Trance anderen Kräften begegnen als dir selbst. – Doch wie gesagt: du **kannst**, das heißt, es ist grundsätzlich möglich mit viel Erfahrung und Ausbildung. Wesentlich häufiger wirst du jedoch in der Trance erst einmal den tieferen Schichten deiner eigenen Seele begegnen – und das ist schon schwierig und anstrengend genug. Du kannst nämlich auch Dinge an dir erkennen oder sehen, die du gar nicht wahrhaben willst, weil sie dir unangenehm sind. Und es kann eine Erinnerung in dir aufsteigen an Erlebnisse, die du verdrängt hast, weil sie so schrecklich waren, dass du sie verdrängen musstest, um zu überleben.

Diese magische Art der Trancearbeit wird von den wenigsten Ärzten und Therapeutinnen oder Therapeuten praktiziert und akzeptiert. Das liegt leider daran, dass viele Ärzte und Therapeuten ein spirituelles Weltbild zutiefst ablehnen. Was auch immer du in der Trance erlebt hast, sie werden es immer nur als Teil deines persönlichen Unbewussten interpretieren. Nur wenige Therapeuten oder Ärzte mit spirituellem Weltbild setzen Trancen zu diesem Zweck ein. Stanislav Grof ist einer dieser wenigen Ärzte und sicher auch der bekannteste. Er hat als Arzt sein Leben der Erforschung der veränderten Bewusstseinszustände gewidmet, wurde dafür aber von den meisten anderen Ärzten ziemlich abgelehnt und als abgedrehter Spinner bezeichnet. Dafür ist er in der Esoterikszene berühmt geworden. Er hat auch ein eigenes weltweites Netzwerk begründet, das spiritual emergency network, kurz SEN, ein Netzwerk für Menschen in spirituellen Krisen und Notfällen. Stanislav Grof war sich nämlich durchaus bewusst, dass die Arbeit mit Trancen nicht ungefährlich ist. Er wollte Menschen, die Probleme mit Meditationen und Trancen erlebt haben, eine Hilfe durch eine Sammlung von Kontaktadressen bieten. In diese Adresssammlung sind Ärzte und Therapeuten aufgenommen, die selbst Erfahrungen mit Trancen haben und das spirituelle Weltbild nicht von vornherein ablehnen. (Hier die deutsche Kontaktadresse: Dr. Ingo

Jahrsetz SEN-Deutschland, Schule für Transpersonale Psychologie, Wendlinger Str. 32a, 79111 Freiburg, Tel. 0761 - 47 58 46) An diese Menschen kann man sich wenden, wenn man Probleme mit einer Meditations- oder Tranceerfahrung hatte. Sonst kann es passieren, dass man z. B. bei einer Therapeutin landet, die ein völlig naturwissenschaftliches Weltbild hat und dann sagt: »Jetzt lassen Sie doch einfach mal den ganzen Esoterikquatsch, das bringt doch sowieso nichts ...!« Das hilft dir dann aber wohl nur sehr begrenzt weiter ...

Fragen zum Nachsinnen:

1. Welche Ziele willst du mit der Trance erreichen?
2. Willst du entspannen, dich selbst besser kennen lernen oder die Anderswelt erforschen?
3. Oder willst du Trance einfach ausprobieren, um zu schauen, »ob es funktioniert«?
4. Ist es dir schon einmal gelungen, dich in Trance zu versetzen, du wusstest dann aber nicht, was du mit dem Zustand anfangen solltest?

## Gefahren und Probleme der Trancearbeit

Jede Trance ist immer eine Grenzerfahrung, mit der man versucht, die Grenze zwischen Wachsein und Schlafen, die eine natürliche Grenze ist, im wachen Bewusstsein zu überschreiten. Körper und Geist wehren sich zunächst gegen diese ungeübte Vorgehensweise, wehren sich unter Umständen lange und heftig. Bei dieser grenzüberschreitenden Arbeit ist es enorm wichtig, deine eigenen Grenzen zu kennen und zu achten. Viele Probleme bei der Trancearbeit können auftreten, wenn du noch ungeübt bist und daher deine persönlichen Grenzen noch nicht kennst. Wenn du aber einmal Kontakt mit deinen persönlichen Grenzen gemacht hast, solltest du diese als ein kostbares Wissen im Umgang mit dir selbst achten. Bleibe bei dieser Grenze und versuche nicht immer wieder, sie anzweifeln und herausfordern oder sie erneut zu überschreiten.

Im Folgenden beschreibe ich einige klassische Störfälle bzw. allgemeine Trancegefahren, die fast jede Trancetechnik mit sich bringt.

1. **Du findest nicht auf Anhieb die für dich beste Technik heraus**, bist enttäuscht und denkst, bei dir funktioniert das nie ... Dein **Geist** hat dich die Grenze zwischen Wachsein und Schlafen nicht bei vollem Bewusstsein passieren lassen. Was solltest du tun? Sprich mit einer erfahrenen Hexe, einem erfahrenen Magier oder Meditationslehrer oder einer heidnischen Priesterin. Probiere mit einer erfahrenen Person zusammen andere Techniken aus, informiere dich über alternative Techniken. Vielleicht solltest du aber auch akzeptieren, dass du eventuell zum falschen Zeitpunkt übst oder dass deine Seele zur Zeit nicht in Trance gehen will. Versuche nicht, irgendetwas zu erzwingen. Wenn der richtige Rahmen und der richtige Zeitpunkt dafür da sind, wird es schon funktionieren. Außerdem gehören Trancen und Meditationen nicht zum Einstiegsprogramm für Junghexen, sondern eher zum Fortgeschrittenenkurs!

**2. Du schläfst einfach ein.** Das ist erst mal nicht dramatisch. Dein Körper hat dich die Grenze zwischen Wachsein und Schlafen nicht bei vollem Bewusstsein passieren lassen. Eventuell fühlst du dich gut ausgeruht, vielleicht auch etwas benommen, wenn du aufwachst. Du weißt vielleicht nicht mehr, ob du das, was du erlebt hast, geträumt hast oder in der Trance erlebt hast. Was solltest du tun? Bewege dich, iss etwas, tanze ein bisschen, hüpfe etwas herum, erde dich (siehe weiter unten, z. B. die Baumübung). Sorge auf alle Fälle dafür, dass du jetzt wieder ganz wach wirst, damit du völlig aus der Trance aussteigst und wieder ganz in dein Alltagsbewusstsein und in deinen Körper zurückkehrst. Diesen Störfall kannst du einfach vermeiden, indem du z. B. keine Trancearbeit machst, wenn du sowieso schon sehr müde bist. Geh dann besser gleich schlafen. Oder ihr macht die Trancearbeit mindestens zu zweit und vereinbart, dass nur eine in Trance geht und die andere wach bleibt. Die Wachende weckt dann die Trancende nach einiger Zeit, wenn sie das Gefühl hat, dass die andere eingeschlafen ist. Das kann etwas unangenehm sein – weckt euch daher vorsichtig, liebevoll und sanft und lasst der oder dem anderen viel Zeit, langsam wach zu werden. Du kannst es auch vermeiden, dass du einschläfst, indem du z. B. eine Körperhaltung oder eine Trancetechnik findest, bei der du nicht einschlafen kannst, etwa wenn du dich in Trance tanzt.

**3. Du wirst in der Trance von außen gestört,** z. B. weil das Telefon klingelt oder jemand ungebeten ins Zimmer kommt. Das kann nervig sein, da du dein Tranceziel nicht erreichst, enttäuscht bist oder Mühe hast, wieder ganz wach zu werden. Nur sehr Erfahrene können nach einer äußeren Störung die Trance einfach wieder fortsetzen. Was solltest du tun? Meistens ist es besser, ganz auszusteigen. Mit den Methoden wie unter Punkt 2 wirst du wieder wacher. Solch ein Störfall lässt sich aber meistens ganz gut vermeiden. Stell einfach das Telefon vorher aus, und häng einen Zettel mit »Bitte die nächste Stunde nicht stören!« an dein Zimmer. Gut ist es, wenn mehrere gemeinsam eine Tranceübung machen, dass vorher eine Person bestimmt wird, die nicht in Trance geht und so die Störungen von außen abfangen kann. Diese Rolle ist in Ritualgruppen sehr unbeliebt, aber extrem wichtig. Eine sollte immer vollkommen wach bleiben, um im Falle von Störungen von außen oder auch bei Störungen innerhalb der Gruppe reagieren zu können. Da diejenige leider nicht das Vergnügen hat, in Trance gehen zu können, sollte jedes Mal eine andere oder ein anderer ausgewählt werden, sonst kommt wahrscheinlich Frust auf bei der Person.

**4. Du hast Mühe, nach der Trance wieder ganz wach zu werden, obwohl du sie regulär beendet hast.** Das kann passieren, wenn die Trance sehr tief oder sehr intensiv war. Mach dir klar, dass – auch wenn die Trance noch so schön war – es ganz wichtig ist, dass du jetzt nicht ewig wie in einem Nebel durch die Gegend tapst und dass du vollständig aus der Trance aussteigst. Die meisten Menschen sind in einer Trance weder voll arbeitsfähig noch verkehrstauglich oder reaktionsschnell genug für ihren Alltag. Außerdem neigen wir in Trance dazu, unseren Körper zu vernachlässigen oder sogar völlig im Stich zu lassen. Wenn die einfachen Techniken wie unter Punkt 2 beschrieben nicht ausreichen, dann gehe bewusst spazieren, und tritt beim Gehen etwas fester auf. Du musst wieder Boden- und Körperkontakt bekommen. Eine bewusste Erdungsübung kann sein, dich neben einen Baum zu stellen, die Augen zu schließen und dir die Wurzeln des Baumes unter dir vorzustellen. Dann stelle dir vor, wie von deinen Füßen ebenfalls Wurzeln in die Erde wachsen und wie du immer mehr mit der Erde verbunden bist. Gib die überschüssige Tranceenergie dann bewusst an die Erde ab. Manchmal kann es auch helfen, wenn du von einem Menschen, der besser geerdet ist als du, in den Arm genommen wirst, denn du kannst dich auch über andere Menschen erden. Außerdem lässt dich die äußere Umarmung oder eine kleine Massage deinen Körper wieder besser spüren. Wenn du merkst, dass du generell ungern aus Trancen zurückkehrst, dann frage dich, ob du deinen Körper oder deine Lebensrealität irgendwie ablehnst. Dann ändere dies, oder beginne mit bewussten Übungen, um deinen Körper zu lieben. Missbrauche Trancen nicht als Fluchtmittel, dafür sind sie zu kostbar und zu gefährlich, sondern geh in solchen Fällen lieber ins Kino.

5. **Du gerätst in der Trance an Gefühle oder Erinnerungen, die dir fremd sind.** Du erschrickst, bist emotional sehr aufgewühlt, musst vielleicht weinen oder stehst regelrecht unter Schock, wenn du wieder auftauchst aus der Trance. Das ist meistens ein Zeichen, dass du einem unbewusstem Seelenanteil oder einer verdrängten Erinnerung von dir begegnet bist. Dann ist es unbedingt notwendig, dass du jemand Erfahrenen in der Nähe hast oder kennst, mit dem du über das Erlebnis reden kannst. Ich will etwas deutlicher werden: Nach Schätzungen der Dunkelziffer wird vermutlich jede vierte Frau in ihrer Kindheit sexuell missbraucht. Bei Männern sind die Zahlen zwar niedriger, aber es ist ebenfalls möglich. Fast alle Menschen verdrängen diese Erlebnisse, aber in einer Trance können sie dir wieder bewusst werden. Es kann sein, dass du bei irgendeinem extremen Erlebnis oder extremen Schmerz in deiner Kindheit in Trance gegangen bist, um dieses Erlebnis verdrängen und überleben zu können. Wenn du jetzt heute wieder in Trance gehst, ist das Erlebnis

auf einmal wieder voll da. Deswegen warne ich alle Junghexen, alleine in Trance zu gehen. Du brauchst im Grunde nach jeder Trance zu deiner Sicherheit die Möglichkeit, mit jemandem über deine Tranceerlebnisse reden zu können. Falls du dennoch alleine damit experimentierst und damit überfordert bist, was solltest du tun? Suche Kontakt zu einer erfahrenen Therapeutin. Erzähle ihr, was du erlebt hast, sie wird dir helfen können, mit der Situation zurecht zu kommen. Besonders gute Erfahrungen habe ich, wie schon gesagt, mit den Therapeutinnen und Therapeuten vom Netzwerk für spirituelle Krisen gemacht (zentrale Nummer und Adresse siehe weiter oben). Sie sind sowohl therapeutisch erfahren und kennen sich auch mit Trancen und Meditationen aus; zudem respektieren sie deine spirituelle Suche. Falls du niemanden erreichst und Angst hast durchzudrehen, zögere nicht, den Notarzt oder die Telefonseelsorge anzurufen. Mit solchen Krisen ist nicht zu spaßen. Du brauchst dann echt Hilfe und solltest auf keinen Fall wieder erneut in Trance gehen, bevor du professionelle Hilfe erhalten hast.

Wie kannst du diesen Störfall vermeiden? Letztlich kaum. Das ist das größte Risiko bei der Trancearbeit. Keine und keiner von uns weiß, was er erleben wird, wenn er oder sie das erste Mal in Trance geht. Keiner und keine von uns weiß, was sich an Überraschungen im eigenen Unbewussten verbirgt. Deswegen solltest du deine ersten Tranceerfahrungen auf keinen Fall alleine machen, damit gerade für diesen Fall unbedingt jemand zur Stelle ist, der dir hilft, deine ersten Tranceerfahrungen einzuordnen oder zu verarbeiten.

**6. Du hast in der Trance eine Begegnung mit einer anderen spirituellen Kraft oder Person, die dich intensiv berührt oder erschreckt und die du dir alleine nicht erklären kannst.** Was solltest du tun? Sprich mit einer erfahrenen Hexe oder Priesterin. Vielleicht kann sie dir helfen, die Anderswelt besser zu verstehen.

Wie kannst du solch ein Erlebnis vermeiden? Hier ist es sinnvoll, vor der Trance eine spirituelle Reinigung durchzuführen und einen Schutzkreis um dich zu ziehen. Das kann dich schützen.

**7. Du machst in der Trance eine Erfahrung, die dich aufwühlt und emotional erschüttert, bei der du aber nicht weißt, wie du sie einordnen sollst.** Du weißt nicht, ob es eine Begegnung mit einem eigenen unbewussten Seelenteil ist oder ein Kontakt mit einer fremden spirituellen Kraft aus der Anderswelt. In der Trance siehst du z. B. deine verstorbene Großmutter, und sie sagt etwas zu dir, was dich sehr aufregt. Du weißt aber nicht, ob du einer verdrängten Erinnerung an deine Großmutter begegnet bist, ob dein verinnerlichtes Bild deiner Großmutter als ein Symbol für eine weise alte Frau zu dir spricht oder ob du einen »echten Kontakt« mit der Seele deiner verstorbenen Großmutter in der Anderswelt hattest.

Was solltest du tun? Erzähle einer erfahrenen Person oder wenigstens deiner besten Freundin, was du erlebt hast. Wenn direkt nach der Trance niemand da ist, mit dem du sprechen kannst, schreibe das Erlebte auf, oder male ein Bild dazu. Versuche gleichermaßen, in dich hineinzuhorchen, was das Erlebnis in dir auslöst. Auf alle Fälle bist du einem spannenden Thema begegnet und hast erfahren, wie Trancen unsere Sicht der Welt verändern können. Auch wenn du dein Erlebnis nicht völlig einordnen kannst, was eher der Normalfall sein wird, dann achte es, sprich mit einem oder einer Vertrauten darüber und sorge dafür, dass du es nicht wieder verdrängst. Nur auf diesem Wege kannst du lernen, die Geschenke und Erkenntnisse, die durch Trancen möglich sind, anzunehmen und in den Alltag zu tragen.

Fragen zum Nachsinnen:

Warst du dir aller möglichen Gefahren der Trance bewusst?

Welche Probleme mit der Trance hast du selbst schon erlebt?

Wie bist du damit umgegangen?

Bist du bereit, eine Trancetechnik sein zu lassen, wenn sie dir nicht gut tut?

## Was kann Positives in der Trance geschehen?

Zum Teil hatte ich ja schon zu Anfang erwähnt, was Ziel und Zweck der Trance ist, als ich aufzählte, aus welchen Gründen Menschen in allen Teilen der Welt versuchen, in Trance zu gehen. Hier noch einmal zusammengefasst die möglichen positiven Wirkungen einer Trance:

- Du kannst einfach nur entspannt und erholt daraus auftauchen.
- Du kannst erstaunliche Dinge über dich selbst lernen, ähnlich wie in einer Psychotherapie oder bei der Traumdeutung. Du kannst etwas Licht in dein Unbewusstes bringen. Du kannst neue Seiten an dir entdecken, dadurch wachsen und reifer werden, mehr du selbst werden, dich selbst mehr lieben und akzeptieren.
- Du kannst magische Kräfte trainieren und beispielsweise mit einer Trance-Orakeltechnik ein höheres Bewusstsein

erreichen und es um Rat bitten in einer schwierigen Situation. Du kannst die Trance nutzen, um in Kontakt mit dem Geist eines Tieres zu kommen oder mit der Energie einer Heilpflanze, woraus du Kraft und neue Energien schöpfen kannst. Du kannst in der Trance einen sicheren Ort aufsuchen, an dem du völlig geborgen bist und die Liebe der Schöpfungskraft spüren kannst.

- Du kannst Begegnungen mit der Anderswelt haben. Für die meisten ist diese Begegnung eine Erweiterung unserer Weltsicht. Denn wir erhalten dadurch eine Vorstellung davon, wo wir waren, bevor wir geboren wurden und wohin wir gehen werden, wenn wir einmal »sterben« werden. Das kannst du in seltenen und sehr idealen Fällen erreichen. An besonderen Tagen im Jahr wird im Ritual gerne eine Trance eingesetzt. An Halloween ist über die Trance leichter als im restlichen Jahr ein Kontakt mit anderen ungeborenen und verstorbenen Seelen möglich. An Walpurgis ist dagegen ein guter Kontakt mit Tiergeistern möglich.

## Welche Trancetechniken gibt es?

Das betrifft erstmal die Frage, wie komme ich überhaupt in Trance? Aber die Frage, wie ich wieder aus ihr herauskomme, ist mindestens genauso wichtig, viele von uns meinen sogar noch viel wichtiger. Denn Tranceübungen sollten einen klaren Anfang und ein klares Ende haben. Gerade weil der

Übergang vom Wachzustand in den Trancezustand völlig fließend ist, ist es wichtig, durch die Übung Körper und Geist klar zu signalisieren, wann die Übung beginnt und wann sie endet. Sonst kann es euch passieren, dass ihr noch Tage lang wie in einem Wattenebel herumlauft und euch damit nicht wohl fühlt oder Gefahr lauft, in einen Verkehrsunfall verwickelt zu werden. Ich werde hier daher bewusst keine schweren Trancetechniken beschreiben, da ich es ablehne, wenn eine von euch alleine damit experimentiert. Aber ihr könnt hier einen Überblick und Eindruck davon erhalten, was für viele verschiedene Trancetechniken es gibt. Im Folgenden findet ihr dann einige leichte Trance- und Meditationsübungen. Wenn euch das Thema interessiert, nehmt Kontakt zu einer erfahrenen Person auf, und lasst euch anleiten und begleiten. Wenn ihr aber schon auf eigene Faust experimentiert habt, könnt ihr hier vielleicht eure Technik wieder erkennen oder erfahren, was für andere Möglichkeiten es gibt.

Tranceinduktion, also die Einleitung einer Trance, ist auf sehr vielen verschiedenen Wegen möglich. Eine Möglichkeit ist die Tranceeinleitung durch akustische Signale, also durch Musik, Trommeln oder Rasseln. Ebenso ist es aber möglich, durch bestimmte Bewegungen in Trance zu gehen, dazu gehören z. B. Trancetänze, meditatives Tanzen ... Ebenso ist es möglich, durch das geistige Erzwingen völliger körperlicher Unbewegtheit bei regelmäßig fließendem Atem in Trance zu gehen.

Am bekanntesten sind wahrscheinlich Trancen bei geführten Meditationen, so genannte Traumreisen, Trancereisen oder Phantasiereisen. Dabei wird nach einer körperlichen Entspannungstechnik ähnlich dem Autogenen Training der Bewusstseinszustand langsam abgesenkt. Dann spricht eine

Person einen langsamen Text, der bei den meditierenden Personen innere Bilder entstehen lässt. Außerdem ist es möglich, Trancen durch spezielle Atemtechniken einzuleiten.

Sehr bekannt und aber auch sehr gefährlich sind stofflich eingeleitete Trancen, also durch Einnahme legaler oder illegaler Drogen. Aber auch Räucherwerk und bestimmte Düfte können dazu benutzt werden.

Außerdem gibt es rein gedanklich eingeleitete Trancen, indem man sich zwingt, immer wieder bestimmte Gedanken, Laute oder Lehrsätze zu denken, so genannte Mantras geistig zu wiederholen, wie z. B. bei der so genannten transzendentalen Meditation, oder sich durch Zählen in Trance zu bringen. Grundsätzlich funktionieren die meisten Trancen also durch Konzentration auf einen bestimmten Reiz und durch das Ausblenden der Außenwelt, so dass die innere seelische Welt oder die Anderswelt betreten werden können.

Wenn ich die Techniken jetzt etwas genauer beschreibe, kannst du vielleicht noch einmal besser verstehen, warum wir erfahreneren Hexen immer wieder betonen, dass du solche Experimente nicht alleine machen solltest. Daher schreibe ich auch dazu, wie diese Methoden nun zu beurteilen sind, welche sich für den Einstieg eignen und welche ich für leichter oder gefährlicher halte. Denn manche Techniken sind tatsächlich »gefährlicher«, da sie weniger leicht zu steuern oder schwerer abzubrechen sind. Außerdem gibt es Störungen, die bei einigen Trancetechniken leichter auftreten als bei anderen.

1. Zum Einstieg und zum Ausprobieren eignen sich meiner Meinung nach am besten die Trancen mit **geführten Meditationen**, so genannte Traumreisen, Trancereisen oder Phantasiereisen. Die meisten Menschen brauchen für eine Phantasiereise eine Person, die eine Anleitung spricht. Bei

einer geführten Meditation wird meistens erst eine Entspannungsübung ähnlich dem Autogenen Training durchgeführt und dann wirst du angeleitet, die Außeneindrücke zurücktreten zu lassen und dich ganz zu konzentrieren auf die inneren Bilder, die in dir aufsteigen. Ein Text gibt dir Anregungen dazu. Sehr geübte oder sehr begabte Menschen können so eine Traumreise alleine mit sich selbst durchführen. Ein Trick kann sein, sich selbst die Anleitung auf Kassette zu sprechen. Aber die Methode ist eigentlich besser mit einer anderen Person durchzuführen, denn sie gibt von Anfang an vor, dass eine andere Person im Raum ist, die dich dann auch nach der Trance beraten und auffangen kann. Die Technik ist außerdem deshalb gut, weil das Absinken in die Trance hier sehr langsam erfolgt. Daher kann die Trance leichter auch wieder abgebrochen werden, wenn es dir nicht gut tut, du gestört wirst oder dich einfach unwohl fühlst.

Die häufigsten Störungen hierbei können sein: Die CD gefällt dir gar nicht, und du ärgerst dich, dass sie zu teuer war. Außerdem kann dir die Sprechstimme nicht gefallen, oder sie ist zu langsam oder zu schnell für dich. Auch die Länge der gesamten Meditation kann von 5 Minuten bis 60 Minuten variieren. Beginne daher erst einmal mit einer kurzen Meditation, um zu sehen, wie es dir damit geht. Die häufigsten sonstigen »Nebenwirkungen« sind das Einschlafen, da du zu sehr entspannst, oder eben der erschreckende Kontakt mit dem eigenen Unbewussten.

2. Tranceeinleitung durch akustische Signale, also durch Musik, Trommeln oder Rasseln. Hier bevorzugt jede und jeder eine andere Art von Musik. Die einen lieben plätschernde Naturgeräusche, die anderen wabernde Synthesizerklänge. Manche Menschen geraten alleine schon durch das Anhören einer sehr vertrauten, entspannenden Musik in

eine leichte Trance – Musik regt uns eben zum Träumen an. Bei Entspannungsmusik ohne begleitenden Text ist die Einschlafgefahr allerdings besonders hoch.

Bei der Tranceinduktion durch Trommeln oder Rasseln rate ich eher ab, einfach ein Trommeltape aufzulegen. Hier ist z. B. eine erfahrene Trommlerin, die die trancende Gruppe im Blick hat, unbedingt vorzuziehen, weil sie auch im Tempo und in der Länge des Trommelns gut auf die Gruppe eingehen kann. Bei lautem Trommeln oder lautem Rasseln ist die Gefahr des Einschlafens relativ gering, allerdings funktioniert diese Methode als Tranceeinleitung nicht bei jedem. Du kannst es nicht alleine machen, weil du ungeübt meist nicht gleichzeitig selbst rasseln und davon in Trance fallen kannst, sondern du brauchst jemand anderen, der etwas wacher bleibt als der Rest der Gruppe, um weiter trommeln oder rasseln zu können, damit die Gruppe sich in die Trance fallen lassen kann. Sonst gelten die üblichen allgemeinen Gefahren der Trance.

Nicht jede Person spricht auf diese Trance an. Die Trance kann eingeleitet werden durch die allgemeine Entspannung oder den monotonen Rhythmus der Trommel, bei der lauten Rassel wird die Trance eher durch Überreizung eingeleitet. Du fliehst sozusagen vor dem Geräusch in die innere Welt.

3. Außerdem gibt es schnelle Trancetänze und Trancen durch langsames meditatives Tanzen, also eine **Tranceinduktion durch Bewegungen.** Sowohl die raschen oder langsamen automatischen Schritte beim Tanzen wie auch die völlige Bewegungslosigkeit können dazu führen, dass deine Seele sich etwas von ihrer Bindung an den Körper löst. Dein Körper bewegt sich beim Tanzen im Schutz der Gruppe und im Kontakt mit der Musik immer gleichförmig weiter, während deine Seele unter Umständen andere Erfahrungen macht. Wenn du keine Tänze dazu kennst, brauchst du auch hier

eine erfahrene Person, die dir diese Tänze zeigt und dich dabei begleitet.

Eine zusätzliche Gefahr zu den üblichen Trancerisiken besteht hier in einer körperlichen Überanstrengung; du bist hinterher vielleicht völlig verspannt oder hast Muskelkater. Am Anfang ist es zudem schwer, in eine automatisierte Bewegung hineinzukommen. Du musst die Tänze oder die reglose Meditationshaltung sehr gut beherrschen und lange vorher immer wieder üben, bis du in Trance gehen kannst, um dir nicht körperlich weh zu tun oder beim Tanzen zu stolpern.

Eine bekannte und leicht erlernbare Bewegungsmeditation ist die Meditation der vier Himmelsrichtungen, auch als Herzchakra-Meditation bekannt. Es gibt die Musik dazu in verschiedenen Bearbeitungen, ursprünglich stammt sie aber von den Sufi. Im Esoterikhandel erhältlich ist u. a. »Heart Chakra Meditation« von Karunesh. Es ist aber leichter, wenn dir jemand die Meditation vormacht, als wenn du sie alleine aus dem Booklet der CD heraus zu erlernen versuchst. Eine meditative Kreistanzgruppe in deiner Nähe kannst du z. B. unter den Internetadressen *www.tanzmeditation.de, www.kreistanzen.de, www.meditativestanzen.de* finden.

Tranceinduktion durch Bewegung ist eine spannende Alternative für Menschen, die bei der entspannenden Phantasiereise eher einschlafen. Bei diesen Trancen tauchen seltener bedrohliche Bewusstseinsinhalte auf, sondern du erlebst durch die gleichmäßige Bewegung ein angenehmes Gefühl der Freiheit, der Andacht oder der Loslösung von deinen Alltagsgedanken. Der Kopf wird meist freier – was sehr wohltuend sein kann.

### 4. Tranceinduktion durch Atmung.

Es gibt verschiedene Atemtechniken, die dein Herz-Kreislauf-Tempo verringern oder beschleunigen, was sich auf deinen Gehirnstoffwechsel auswirkt. Eine verlangsamte und entspanntere Atmung wird bei vielen anderen Meditations- und Trancetechniken sowieso eingesetzt und ist relativ ungefährlich, sie gehört zu fast jeder Entspannungsübung dazu. Solange du noch oft genug atmest, um deinen Körper mit einem Minimum an Sauerstoff zu versorgen, kann dir nichts passieren. Dass dein Atem nicht unter ein kritisches Minimum absinkt, kann dein Körper meist sehr gut selbst steuern.

Sehr gefährlich ist dagegen eine Beschleunigung der Atmung, das so genannte holotrope Atmen. Hier kann es sehr schnell passieren, dass du eine ungesunde Grenze überschreitest, also extrem hyperventilierst, wie die Ärzte es nennen, und ohnmächtig umkippst. Mit solchen Atemtechniken solltest du auf keinen Fall alleine experimentieren, weil du für Notfälle jemanden brauchst, der für dich sorgt und im Notfall sogar einen Arzt ruft. Diese Technik gehört daher schon zu den aggressiveren Trancetechniken, die auch andere extreme Nebenwirkungen haben kann. So führt sie unter Umständen zu Trance- oder Ohnmachtszuständen, die sich nicht so leicht wieder abstellen oder beenden lassen.

5. **Trancen stofflich induzieren durch Drogen, Räucherwerk usw.** Leider sind Drogen im Zusammenhang mit veränderten Bewusstseinszuständen sehr bekannt. Allerlei legale und illegale, gefährliche und ungefährliche, mehr oder weniger süchtig machende Drogen sind hier denkbar. (Alkohol ist dabei in der Regel allerdings keine Droge, mit der sich Trancen induzieren lassen, da er wohl kaum das Bewusstsein erweitert …) In der Geschichte der Menschheit sind bei allen Völkern und Kulturen eine Vielzahl von Stoffen für Trancen benutzt worden. In unserem Kulturkreis sind die bekanntesten Trancedrogen sicherlich LSD und Marihuana. Doch damit fangen die Probleme schon an – sie sind illegal. Die

legalen Biodrogen, also Wildpflanzen in Europa haben alle den Nachteil, dass die Dosis, die die Trance bewirkt, auch gleichzeitig die Dosis ist, ab der sie tödlich wirken!

An dieser Stelle merkst du schon: Mit stofflichen Drogen gibt es die meisten Probleme zusätzlich zu den normalen Trancerisiken. Abgesehen von der Legalität oder Illegalität, der individuellen Verträglichkeit, der richtigen Dosis und den massiven körperlichen und seelischen Nebenwirkungen gibt es auch Probleme, die im Drogengebrauch selbst liegen: Eine mit einem Stoff eingeleitete Trance ist am schwierigsten wieder abzubrechen. Sie kann im Fall vom falschen Stoff und der falschen Dosis tagelang anhalten und extreme seelische Erlebnisse in dir hervorrufen, die dich dein Leben lang verfolgen werden. Du hast sicher auch schon einmal von Horror-Trips gehört, also von extrem unangenehmen Drogenerlebnissen, oder auch von Flash backs. Flash backs sind extreme seelische Erlebnisse unter Drogeneinfluss, die dein seelisches Erleben und deinen Gehirnstoffwechsel so nachhaltig durcheinander gebracht haben, dass du sie auch später im Leben (auch ohne die Droge noch einmal einzunehmen) immer wieder haben kannst. Das ist dann kein Wachtraum, sondern ein wacher Alptraum, den du nie mehr völlig loswirst. Bei Fehldosierungen mit illegalen oder Biodrogen kann dir ebenfalls einiges Unangenehmes passieren, unter Umständen landest du in der geschlossenen Psychiatrie oder auf der Intensivstation – wenn du Glück gehabt hast. Denn an Fehldosierungen kannst du auch sterben.

Du hast es sicher gemerkt: Ich halte überhaupt nichts von einer Drogeneinnahme zur Tranceinduktion. Ich weiß aus eigener Erfahrung, dass sehr intensive Tranceerfahrungen völlig ohne Drogen möglich sind und dass Drogen dafür eigentlich absolut unnötig sind. Dazu kommt, dass für die meisten Biodrogen die richtige Dosierung, die richtige Zubereitung und das begleitende Ritual inklusive des erfahrenen Schamanen als Begleitung rettungslos verloren gegangen sind. Alleine eine Droge einzuwerfen, die man nicht kennt, ist tödlicher, lebensgefährlicher Leichtsinn!

Dazu verliert die Trance bei Einnahme einer Droge ihren freiwilligen und bei manchen Drogen sogar auch ihren bewussten Charakter. Manche Drogen lösen eher einen Rausch als eine Trance aus, da sie auch dein Bewusstsein vernebeln oder ganz auslöschen. Wenn du einmal eine Tablette eingenommen hast, bist du außerdem dem Rausch fast völlig ausgeliefert, ohne zu wissen, wie lange er andauern wird. Wann du wieder herauskommst aus dem chemisch ausgelösten Zustand, hängt dann stärker von deiner Körperchemie als von deinem Bewusstsein ab.

Der Versuch, eine Trance mit Drogen auszulösen, entspringt oft dem Wunsch nach einem schnellen spirituellen Kick. Eine gute spirituelle Ausbildung hingegen braucht aber Zeit. Meditieren lernen braucht Zeit, ebenso brauchst du Zeit, um den Umgang mit Ritualen zu lernen, die Gesetze der Anderswelt zu verstehen und mit den Tiefen deiner eigenen Seele zurecht zu kommen. Eine Droge einzuwerfen ist also oft der Versuch, diesen längeren Weg abzukürzen, der mehr Ausdauer und Geduld erfordert. Dabei gehst du aber ein enormes Risiko ein, weil du Erfahrungen machen kannst, denen du gar nicht gewachsen bist. Das wird bei einer langsamen bodenständigen spirituellen Ausbildung vermieden. Hier hat deine Seele Zeit, sich spirituell zu entwickeln, bis sie für die nächsten Erfahrungen reif und bereit ist.

Eine leichtere und ungefährlichere Form der Anwendung von stofflichen Hilfsmitteln stellen Räucherungen, Düfte und ätherische Öle dar. Es gibt Gerüche und Aromen, die eine meditative Entspannung und geistige Öffnung unterstützen. Weihrauch ist hier sicher das bekannteste Mittel, gefolgt von

Myrrhe oder Sandelholz. Die Tempel ganz Asiens, aber auch die katholisch-christlichen Kirchen sind oft voller geheimnisvoller Düfte, die die Götter gnädig stimmen sollen. Nebenbei unterstützen diese Düfte die Betenden in ihrer Andacht und tragen außerdem dazu bei, die Räume sanft zu desinfizieren.

Außer Allergien auf bestimmte Stoffe kann bei reinen Räucherungen nicht viel passieren. Gefährlich kann jedoch bei einigen ätherischen Ölen die innerliche Einnahme sein. Hier ist absolute Vorsicht geboten, denn es handelt sich um hochkonzentrierte Stoffe, die auch heftige Nebenwirkungen haben können. Außerdem sind die Geschmäcker beim Räuchern sehr verschieden. Was den einen entrückt, riecht für den anderen unangenehm, der dritte bekommt regelrecht Kopfweh von dem Zeug. Ich zwinge mich zu keinem Geruch oder Räucherwerk, das mir nicht auch wirklich vom Duft her gefällt, und wenn die Luft zu dick wird, lüfte ich sofort.

Fragen zum Nachsinnen:

Welche Trancetechniken kanntest du schon?

Welche wolltest du mal ausprobieren, welche hast du ausprobiert?

Hast du eine erfahrene Person, mit der du üben kannst?

Weißt du schon, auf welche Techniken du gut ansprichst?

## Wie merke ich, ob ich in Trance bin?

Wenn du in Trance bist, ist das beim ersten Mal oft viel weniger aufregend oder spektakulär, als du erwartest. Ich benutze den Begriff »Trance« auch für leicht veränderte Bewusstseinszustände und nicht nur für ganz tiefe Trancen. Zunächst kann es sich wie ein intensiver Tag- oder Schlaftraum anfühlen, obwohl du genau weißt, dass du nicht schläfst. Normalerweise nimmt dein Körpergefühl ab oder tritt etwas zurück. Du weißt eher noch, dass da dein Körper ist, aber er bewegt sich im Tanzen wie automatisiert weiter, oder er liegt wie ein abgelegtes Kleidungsstück auf dem Bett, während dein Geist und deine Seele frei sind, andere Dinge zu sehen und zu erleben. Eventuell merkst du auch, dass die Konzentration deiner Wahrnehmung von außen nach innen umgeschaltet hat. Du siehst vielleicht innere Bilder vor deinem geistigen Auge, während du immer weniger hörst und siehst, was im Raum außerhalb um deinen Körper herum passiert. Außerdem kann es sein, dass sich dein Zeitgefühl verändert, dass du gar nicht mehr sagen könntest, wie lange du schon in diesem Zustand bist. Du weißt aber auch, zumindest wenn du etwas tranceerfahren bist, dass du in diesen Zustand freiwillig und bewusst hineingegangen bist und ihn auch wieder bewusst beenden kannst. Im Gegensatz zum Träumen im Nachtschlaf ist dir in einer Wach-Trance immer bewusst, dass du in Trance bist und die Dinge auf einer anderen Wirklichkeitsebene erlebst. Im Nachttraum kommt das auch manchmal vor, dass dir bewusst ist, dass du träumst, ohne dass du dann gleich aufwachst, man nennt das dann luzides Träumen. Das ist aber eher selten, außer man trainiert es oder hat eine grundsätzliche Begabung dafür.

Ein Problem bei einigen stofflich hervorgerufenen Trancen ist, dass dir dieses Gefühl des wachen Begleitbewusstseins verloren geht. Die Trance verändert sich dann in einen Rauschzustand, in dem dir nicht mehr klar ist, auf welcher Wirklichkeitsebene du bist und wie du wieder herauskommen kannst. Das kann sehr bedrohlich sein, wenn du in der Trance sehr unangenehme Dinge erlebst. In einer gut geführten Trance ist daher immer ein waches Begleitbewusstsein erhalten, das dir wie eine innere Stimme im Hintergrund sagt: »Du bist in Trance, alles, was du erlebst, ist eine freiwillige Erfahrung, und dein Körper ist in Sicherheit und kann keinen Schaden nehmen.« Du weißt die ganze Zeit über, wie du reingekommen bist und demnach auch, wie du wieder rauskommst.

Erwarte von einer ersten Tranceübung erst einmal nicht, dass du völlig wegtauchst und deine Umgebung gar nicht mehr wahrnimmst. Das ist nur bei sehr tiefen Trancen und langer Übung so. Es gibt viele kleine Abstufungen von Trancezuständen, die unterschiedlich tief sind und bei denen ein Teil von dir immer wach bleiben sollte – vor allem, wenn du nach Anleitung mit einer erfahrenen Person alleine weiterübst, sollte ein Teil deines Wachbewusstseins immer im Hintergrund aktiv bleiben, um dich wieder zu wecken und die Erinnerung zu erhalten.

## Wie komme ich sicher aus der Trance?

Wie du aus der Trance wieder herauskommst, das hängt ein bisschen von der jeweiligen Technik ab. Wenn du eine Meditations-CD aufgelegt hattest, kommst du ganz von alleine aus der Trance, wenn die CD beendet ist. Daran kannst du auch eine gute Meditations-CD erkennen: Sie hat eine klare Endphase. In der Regel sollte dich die Stimme auf der Kassette dazu auffordern, wieder bewusst und locker zu atmen, also die Atmung zu normalisieren, deine Augen langsam zu öffnen, dich etwas zu bewegen. Wenn du dazu nicht aufgefordert wirst, musst du diesen Teil unbedingt selbst ergänzen. Bei einer Trance durchs Tanzen z. B. ruhst du dich körperlich aus, bis sich dein Atem normalisiert hat und dein Kreislauf wieder stabil ist.

Nach allen Trancen ist es wichtig, in eine normale Alltagsverfassung zurückzukehren. Dazu braucht jede und jeder unterschiedlich lange, aber im Laufe der Zeit wirst du dein eigenes Tempo herausfinden. Lass dir dazu auf alle Fälle am Anfang Zeit! Plane daher nicht, direkt nach der Tranceübung zu einem anstrengenden Termin aus dem Haus zu stürzen ...

Folgende Übungen und Verhaltensweisen können dir den Übergang von einer Trance als nicht alltäglicher Wirklichkeitserfahrung in die normale, wache Alltagsverfassung erleichtern, weil sie das Band zwischen Körper und Seele wieder festigen:

- Sanfte körperliche Bewegung, bei Bedarf auch ein kleiner Spaziergang, bei dem du achtsam und bewusst auf den Kontakt deiner Füße zum Boden achtest. Oder du trittst bewusst etwas fester auf, hüpfst auf der Erde herum, stampfst etwas auf, damit du über den Kontakt zum Boden spürst, dass du einen Körper hast und mit ihm verbunden bist.

- Eine Kleinigkeit oder auch mehr essen. Trancearbeit macht oft hungrig!
- Eine liebevolle Massage oder ein warmes Bad, dass dich deinen Körper wieder voll spüren lässt. Reibe dich danach mit einer guten Hautlotion ein, kehre bewusst und liebevoll wieder in deinen Körper zurück.
- Visualisierungsübungen, bei denen du dir vorstellst, wie du Wurzeln in die Erde schlägst. In der Magie nennt man das »sich erden«, was heißt, dass du bewusst Kontakt zum Element Erde und zu unserem Mutterplaneten herstellst. In der Regel spürst du deinen Körper danach bewusster und kannst noch überschüssige Energie an die Erde abgeben.
- Nach einer kurzen Entspannung und Ruhephase nach einer Trancearbeit kann es hilfreich sein, völlig alltägliche Dinge zu tun: essen, Tisch abräumen, spülen oder aufräumen. Denn auch das hilft deiner Seele, in gewohnte Alltagsbahnen zurückzufinden. Allerdings würde ich nicht direkt nach einer Trance fernsehen, da es sein kann, dass du noch eine Zeit lang seelisch zu offen bist und alles ungefiltert auf dich einströmen könnte.

Für den Artikel habe ich folgende Literatur zu meinen eigenen Erfahrungen und Erlebnissen verwendet. Es sind allerdings Bücher und Texte, die sich nicht an Jugendliche richten:

Birbaumer, und Schmidt, »Biologische Psychologie«, Springer Verlag, daraus das 26. Kapitel über Schlaf und Traum.

Eine private Mitschrift eines Life-Vortrages von Stanislav Grof im August 2000 im Rahmen einer Veranstaltung des Frankfurter Rings in Frankfurt am Main.

Kay Hoffmann, »Das Arbeitsbuch zur Trance«, Hugendubel 1996.

Vicky Gabriel, »Der alte Pfad – Wege zur Natur in uns selbst«, Arun Verlag 1999.

Susanne Fischer-Rizzi, »Himmlische Düfte«, Hugendubel, 5. Auflage 1991.

Herrmann Hesse, Kurzgeschichte »Innen und Außen«, in HH, gesammelte Werke, Band 4, Kurzgeschichten, Suhrkamp Taschenbuchausgabe, 4. Band von 1987.

Ich hoffe, dieses Kapitel hat dir einen guten Eindruck zum Thema Trance und Meditation gegeben. Vielleicht hat der Text auch deine Neugier geweckt oder verstärkt, so dass du dir eine erfahrene Person suchen willst, die dich begleitet, um selbst Erfahrungen zu sammeln mit Trance. Vielleicht kannst du jetzt aber auch verstehen, warum wir Älteren mit dem Thema so vorsichtig umgehen und du lässt dir noch etwas Zeit, bis du dich näher mit dem Thema auseinander setzt. Falls du trotz meiner Warnungen auf eigene Faust damit experimentierst und Erfahrungen machst, die du nicht verstehen kannst oder die dich erschrecken, dann zögere bitte nicht, mit einer erfahrenen Person darüber zu sprechen. Das ist dann immer noch besser, als sich auf eigene Faust damit herumzuquälen.

Im Folgenden will ich dir ein paar kleine Meditationsübungen vorschlagen, die noch keine tiefen Trancen auslösen, die dir aber die Möglichkeit geben, ein bisschen zu üben, bis du einen Übungskreis in deiner Nähe gefunden hast.

## Eine einfache Meditationsübung mit Musik

Nimm dir auf einer Kassette 2 bis 3 kleine, ruhige Musikstücke auf, oder programmiere deinen CD-Player so, dass er nur 2 bis 3 Stücke spielt. Suche dir unbedingt ruhige Musikstücke oder Songs aus. Am besten sind rein instrumentale Stücke oder eine Musik, die nicht sehr textlastig ist. Insgesamt sollte diese Musikzusammenstellung nicht länger als 15 Minuten sein. Sorge dann dafür, dass du 20 Minuten lang ungestört sein kannst.

Stell die Musik nun an, und lege oder setze dich möglichst bequem hin. Beim Liegen hat sich eine Position zum Meditieren als günstig erwiesen, bei der du flach liegst und Arme und Beine locker so liegen, dass sie sich nicht kreuzen. Beim Sitzen ist es gut, wenn du eine Rückenlehne hast und die Arme locker auf den Beinen aufliegen lässt – oder du nimmst einen Meditationshocker, der deine Rückenhaltung gut unterstützt. Du brauchst auf alle Fälle eine Position, die so bequem ist, dass du sie nach einigem ersten Zurechtrücken 15 Minuten lang durchhalten kannst, ohne dich zu bewegen. Nur so kann die Körperwahrnehmung in den Hintergrund treten und dein Geist irgendwann frei fließen. Am Anfang wirst du etwas experimentieren müssen, bis du eine gute Körperlage gefunden hast. Wichtig ist außerdem, dass die Lage wiederum nicht so bequem ist, dass du dabei einschlafen könntest. Wenn du also leicht auf dem Bauch einschläfst, lege dich zum Meditieren auf den Rücken – und umgekehrt. Schließe nun die Augen.

Sage dir selbst innerlich, dass du sofort wieder hellwach sein wirst, wenn die Musik zu Ende ist. Dann hole drei Mal tief Luft, und atme dabei ganz lange ein und bewusst aus. Dabei sagst du dir: »Ich bin ruhig, ganz ruhig.« Dann lass den Atem wieder ganz von selbst fließen. Lausche nun nur der Musik, und lass deine Gedanken frei fließen. Wenn ein neuer Gedanke auftaucht, nimm ihn liebevoll an, und lass ihn dann wieder genauso liebevoll los. Es geht bei dieser Übung erst einmal nur darum, dass du lernst, dich gezielt für eine kurze Zeit zu entspannen und deine Gedanken zu der Musik ganz frei fließen zu lassen.

Wenn die Musik zu Ende ist, sage dir selbst innerlich: »Ich bin jetzt wieder ganz wach!« Dann öffne die Augen, und bewege dich vorsichtig, räkele dich, strecke dich, kehre in die Alltagswirklichkeit zurück. Wenn du willst, kannst du in deinem magischen Tagebuch notieren, was dir an Gefühlen, Gedanken und Stimmungen durch den Kopf ging.

Du solltest diese Übung häufiger wiederholen, etwa 2- bis 3-mal pro Woche, wenn möglich, immer mit der gleichen Musikmischung. Wenn du beim ersten Mal gemerkt hast, dass die Musik doch nicht so gut war, kannst du natürlich so lange experimentieren, bis du deine Meditationsmischung gefunden hast. Wenn du dann aber eine gute Zusammenstellung gefunden hast, bleibe dabei! Denn nur durch die wiederholte Übung mit der gleichen Musik kann eine Entspannung und ein freier Gedankenfluss eintreten. Auch mit der Lautstärke der Musik wirst du vielleicht eine Zeit lang experimentieren. Es sollte auf alle Fälle so laut sein, dass du nicht dabei einschläfst, aber auch leise genug, um noch entspannend zu wirken. Mache die Übung nicht, wenn du ohnehin schon müde bist, denn dann ist die Wahrscheinlichkeit sehr hoch, dass du einfach einschläfst.

Wenn du die Übung längere Zeit durchgeführt hast, kannst du die Musik irgendwann auf 3 bis 4 Stücke von insgesamt 20 Minuten ausdehnen. Wenn du eine gute Entspannungsposition gefunden hast und merkst, dass du dich längere Zeit entspannen kannst, ohne einzuschlafen, dann kannst du langsam zu gesprochenen Meditationskassetten übergehen. Sehr kurze, gesprochene Meditationen, die sich auch für Jugendliche eignen, gibt es z. B. von Else Müller. Sehr gute, längere Meditationen von 30 bis 45 Minuten Länge mit Phantasiereisen in die Natur, die sich auch für Jugendliche eignen, gibt es z. B. von Christine Curs-Lindner. Sie ist erreichbar über *curs-lindner@freenet.de*, dort können die CDs »Am stillen Waldsee« und »Spaziergang ins Blumental« direkt bei ihr bestellt werden.

## Kerzenmeditation

Die Kerzenmeditation ist eine bekannte, einfache Meditationsübung. Zum einen kannst du damit auf einfachem Wege eine leichte Trance auslösen, zum anderen kannst du üben und erproben, ob du Visionen aufsteigen lassen kannst. Visionen sind bildhafte Ideen, die eine tiefere Bedeutung für dich oder andere Personen haben. Das müssen nicht immer Zukunftsvisionen sein, du kannst auch einfach für die Gegenwart eine neue Idee bekommen. Trance weckt unsere Kreativität, und so können uns dabei andere Ideen kommen, als wenn wir wach und gezielt nachdenken oder gar grübeln.

Diese einfache Methode, mit der du versuchen kannst zu testen, ob du aktiv Bilder in dir aufsteigen lassen kannst, funktioniert so: Du brauchst eine sehr dicke, ganz weiße Kerze und kannst dir, wenn du willst, Malsachen zurecht legen. Du zündest die Kerze an, und legst dir eine meditative Musik auf. Du kannst auch ein Duftöl aufwählen für die Aromalampe, das die Visionskraft anregt, wie z. B. Weihrauch oder Muskatellersalbei, oder du kannst direkt mit Salbeiblättern räuchern. Du sicherst dich ab, eine Zeit lang ungestört zu sein, indem du z. B. das Telefon abstellst. Dann sicherst du dich auch rituell ab und ziehst einen Schutzkreis um dich.

Versuche, ruhig zu atmen und zur Ruhe zu kommen. Du bittest die Göttin oder den Gott dann um eine Vision. Anschließend hältst du die Kerze nahe vor dein Gesicht, zwischen die Augen, so dass du nur noch dieses hell leuchtende Weiß der Kerze siehst. (Achtung, nicht den Pony ansengen, wenn es kokelig riecht, bist du zu nahe dran!) Dann versuchst du, deine Augen nach innen zu richten, also auf die Kerzenflamme, auch wenn du sie mehr indirekt siehst. Wenn du leicht schielst, wird der Blick etwas unscharf, und du siehst erst einmal nur diese leuchtende, mildweiße Fläche der Kerze. Dann kannst du versuchen, nach innen zu horchen und zu spüren, ob sich auf dem weißen Grund der Kerze ein inneres, geistiges Bild abzeichnet. Sei nicht enttäuscht, wenn erst einmal kein Bild kommt. Spüre auf alle Fälle, wie du durch die Übung etwas ruhiger wirst und wie deine Umgebung etwas zurücktritt. Das ist eine erste Stufe von Trance.

Wenn ein Bild entsteht, präge es dir ein, aber halte es nicht zu fest. Oft sind es ohnehin nur ganz kurze Eindrücke, die in dir aufsteigen. Wenn du so etwa 10 bis 20 Minuten nach innen gesehen hast, setze die Kerze wieder ab, und danke der Göttin für ihre Nähe. Danke ihr immer, auch wenn kein Bild kam, denn nur so kann sich die Begabung entwickeln.

Wenn du willst, kannst du das Bild danach malen oder in deinem magischen Tagebuch beschreiben. Vielleicht kommt dir mit der Zeit auch eine Idee, was es bedeutet. Ein besonders guter Tag im Jahr für diese Meditation ist das Jahresfest Lichtmess oder auch jeder Neumond.

Eine andere Kerzenmeditationstechnik arbeitet mit der Konzentration auf die Kerzenflamme und versucht, sich so auf die Flamme zu konzentrieren, dass der Rest der Umgebung zurücktritt und Bilder in der Flamme aufsteigen. Das funktioniert aber nicht bei jeder Person. Du solltest zu dem Element Feuer einen guten Bezug haben. Bei manchen lässt die Konzentration schnell nach, die Augen stellen sich auf Weitsicht, und es entsteht ein störendes Parallelbild: Du siehst für einen kurzen Moment zwei Flammen, was dich sicherlich stört, und du brichst die Übung unwillkürlich ab. Der Vorteil der Übung mit der weißen Kerzenwand ist, dass kein störendes Parallelbild entstehen kann.

## Meditieren über einem magischen Objekt

Bei einigen magischen Übungen wird dir empfohlen, über einem magischen Objekt zu meditieren. Das kann bei einer vertiefenden Auseinandersetzung mit den vier Elementen eine Meditation über einem magischen Werkzeug sein. Dann heißt es z. B. »Meditiere über einem Kelch!«, oder »Meditiere über einem Stab!« Ebenso kann in der intensiven Arbeit mit Tarot einmal über einer Tarotkarte meditiert werden. Sinn dieser

Übung ist es, sich in einer meditativen Stimmung tiefer mit einem magischen Objekt auseinander zu setzen, statt es einfach nur anzusehen. Wie kannst du dir so eine Übung konkret vorstellen?

Wie bei allen Meditationen musst du zunächst für gute Rahmenbedingungen sorgen: Lege dir das Objekt zurecht, und sorge dafür, dass du etwa eine halbe bis eine Stunde ungestört sein kannst. Stelle das Telefon aus und hänge eventuell einen Zettel mit »Bitte nicht stören!« an deine Zimmertür. Wenn du deine Eindrücke festhalten willst, solltest du dir auch dein magisches Tagebuch zurecht legen. Setze, wenn du willst, etwas Musik ein. Du kannst eine Musik wählen, die deiner Meinung nach gut zu dem gewählten Objekt passt oder bei der du weißt, dass sie grundsätzlich deine Meditation gut unterstützt. Du kannst auch etwas Räucherwerk auflegen. Lege dann einen klaren Anfang und ein klares Ende für die Übung fest, indem du z. B. am Anfang und am Ende eine Glocke, einen Gong oder eine Klangschale anschlägst.

Setze dich nun bequem hin. Das kann am Tisch oder in einer Meditationshaltung auf dem Boden oder einem kleinen Bänkchen oder Kissen sein. Setze dich so hin, dass du diese Haltung mit wenig Veränderung etwa 15 bis 20 Minuten aushalten kannst. Lege das Objekt, über dem du meditieren willst, vor dich hin, und schlage die Glocke an. Dann nimm das Objekt in die Hand, oder sieh es lange an, wie es auf dem Boden vor dir liegt. Zwischendurch schließe immer wieder die Augen, und spüre dem Bild nach. So nimmst du das Bild und die Ausstrahlung des Objekts langsam in dich auf. Wenn deine Gedanken abschweifen, dann öffne wieder die Augen, sieh das Objekt eine Zeit lang konzentriert an, nimm es in dich auf, und schließe dann wieder die Augen. Wenn andere Alltagsgedanken auftauchen, lege sie beiseite, und lasse sie sanft vorüberziehen. Wenn es ein magisches Werkzeug ist, spüre auch nach, wie es sich in der Hand anfühlt und welche Bewegungen oder Gefühle und Gedanken zu diesem Objekt passen. Was löst es in dir aus? Woran erinnert es dich? Sei offen für alle Gedanken und Gefühle, die das Objekt in dir auslösen kann. Bewerte nichts, sondern lass deine Gedanken und Gefühle frei fließen.

Abschließend kannst du wieder die Glocke schlagen. Bewege dich ein bisschen, entspanne dich. Wenn du willst, halte deine Eindrücke in deinem magischen Tagebuch fest. Wenn du diese Übung öfter wiederholst, kannst du mit der Zeit die Dauer der Übung natürlich auch ausdehnen.

## Chakrameditation

Mit dieser Meditation kannst du deine Chakren gleichmäßig anregen und öffnen. Du kannst die Meditation auch gut verwenden, um dich am Anfang eines Rituals spirituell anzuregen. Wenn ihr in einer Gruppe arbeitet, kann eine Person den Text sprechen, und die anderen vollziehen die Bilder innerlich nach. Wenn du alleine arbeitest, kannst du dir den Text auf eine Kassette sprechen – oder aber natürlich die Reihenfolge der Chakren auswendig lernen. Die Farben folgen den Regenbogenfarben, so dass du dir die Farbfolge einfach am Regenbogen merken kannst. Diese Übung setzt allerdings voraus, dass du schon ganz gut visualisieren kannst.

Wenn du willst, kannst du eine entspannende, rein instrumentale meditative Musik dazu auflegen. Setze oder lege dich bequem hin. Dein Rücken sollte aufrecht in einer natürlich geschwungenen Linie sein, damit die Energie gut fließen kann. Versuche, eine Haltung zu finden, die du etwa 15 bis 20 Minuten ohne große Veränderungen beibehalten kannst. Schließe zu der Übung die Augen. Zum Öffnen der Chakren visualisierst du die Chakrenfarben beginnend mit dem Wurzelchakra, womit du dich auch ganz automatisch erdest.

*Öffnen der Chakren*

Spüre zuerst in dein Wurzelchakra. Stelle dir ein leuchtendes Rot vor, einen roten Kreis oder eine große rote Blüte, vielleicht eine Tulpe, die sich zwischen deinen Beinen nach unten hin öffnet. Visualisiere, wie du rote Erdenergie aus der Erde in dich aufnimmst. Sage dir innerlich: »Ich öffne mich für die Energie der Erde.«

Spüre dann dein Sexualchakra. Stelle dir einen orangeroten Energiewirbel in Höhe deiner Eierstöcke vor (falls du ein Mann bist: in halber Höhe zwischen dem Bauchnabel und dem Beinansatz). Stelle dir eine orangerote Blüte vor, vielleicht eine Ringelblume, die sich nach vorne öffnet. Sage dir innerlich den Satz: »Ich öffne mich für die sexuelle Energie in meinem Leben.«

Gehe dann mit deiner Aufmerksamkeit etwas weiter nach oben in Höhe des Bauchnabels, hier ist dein Solarplexuschakra. Visualisiere hier einen gelben Energiekreis, und stelle dir eine gelbe Blüte vor, vielleicht eine Sonnenblume, die sich nach vorne öffnet. Sage dir innerlich: »Ich öffne mich für meine persönliche Kraft. Ich akzeptiere meine Kraft, wie sie ist.«

Gehe dann mit deiner Aufmerksamkeit weiter nach oben in die Gegend deines Herzens. Stelle dir eine zartrosa Blüte in einem grünen Blätterkranz vor, vielleicht eine wilde Heckenrose. Visualisiere die Farben und versuche vorsichtig, die

Blüte nach vorne zu öffnen. Sei behutsam mit der Vorstellung, denn unser Herzchakra ist sehr verletzlich. Sage dir innerlich: »Ich öffne mich für die Kraft der Liebe.«

Gehe dann weiter nach oben in die Höhe deines Kehlkopfes. Stelle dir hier eine zartblaue Energie vor, vielleicht einige Glockenblumen, die sich nach vorne und hinten öffnen. Sage dir innerlich: »Ich öffne mich für die Kraft der Kommunikation, für den geistigen Austausch.«

Gehe dann weiter nach oben mit deiner Aufmerksamkeit, und konzentriere dich auf die Stelle in der Mitte der Stirn oberhalb deiner Augen. Stelle dir einen indigoblauen Energiekreis oder eine dunkelblaue Blüte vor, vielleicht ein dunkelblaues Stiefmütterchen. Öffne diese Blüte, und sage dir innerlich: »Ich öffne mich für die Kraft der Intuition. Ich öffne mein drittes Auge.«

Gehe dann mit deiner Aufmerksamkeit zum Scheitelchakra, und stelle dir hier eine violette Energie oder eine zartviolette Blüte vor, vielleicht einen Krokus, dessen Blütenkelch sich nach oben hin öffnet. Sage dir innerlich: »Ich öffne mich für die Himmelsenergie.« Dann kannst du dir die Himmelsenergie als eine weiße Lichtdusche vorstellen, die sich über dich ergießt.

Jetzt hast du alle Chakren geöffnet. Wenn du willst, kannst du nun die Augen öffnen und ein Ritual beginnen, oder du kannst diesen Zustand einfach einen Moment genießen. Wenn du ein Ritual beginnst, vergiss nicht, am Ende des Rituals die Chakren wieder zu schließen. Dazu schließt du sie wieder von oben nach unten:

*Schließen der Chakren*

Gehe dazu zuerst mit der Aufmerksamkeit zum Scheitelchakra. Sage dir innerlich: »Ich danke der Himmelsenergie.«

Schließe dann sanft den violetten Blütenkelch.

Gehe dann zum Stirnchakra. Sage dir innerlich: »Ich danke meiner Intuition.« Schließe nun sanft den blauen Blütenkelch.

Gehe dann zum Kehlkopfchakra. Sage dir innerlich: »Ich danke der Kraft der Kommunikation.« Schließe dann den hellblauen Blütenkelch.

Gehe dann zum Herzchakra. Sage dir innerlich: »Ich danke der Kraft der Liebe«. Schließe dann die rosa Herzensblüte.

Gehe dann zum Solarplexuschakra am Bauchnabel. Sage dir innerlich: »Ich danke meiner persönlichen Kraft.« Schließe dann die goldgelbe Blüte.

Gehe dann zum Sexualchakra in der Nähe der Eierstöcke. Sage dir innerlich: »Ich danke der Kraft der Sexualität.« Schließe jetzt die orangerote Blüte.

Gehe dann zum Wurzelchakra zwischen deinen Beinen. Sage dir innerlich: »Ich danke der Kraft der Erde.« Schließe dann die rote Blüte. Danach öffne die Augen wieder, und bewege dich etwas.

Hab keine Angst, dass die Chakren damit fest geschlossen oder versiegelt und damit im Alltag inaktiv wären. Natürlich arbeiten deine Chakren weiter. Es tut den meisten Menschen aber nicht gut, mit sehr weit geöffneten Chakren durch den Alltag zu gehen, da wir so zu geöffnet für die (manchmal negative und belastende) Energie unserer Mitmenschen wären.

Eine sehr gute, sehr ausführliche Chakrameditation als Meditations-CD gibt es von Windpferd Music, die Musik dazu ist von Merlins Magic. Aber Achtung: Du kannst eine CD nur mit Musik und eine CD mit Musik und Text erhalten, der von Shalila Sharamon gesprochen wird.

## Der meditative Spaziergang

Du hast vielleicht gelesen, dass Wicca-Hexen gerne spazieren gehen und das dann manchmal einen meditativen Spaziergang nennen. Du fragst dich, was genau das ist? Nun, der meditative Spaziergang ist eine Meditationsübung, die wenig mit klassischen Meditationen zu tun hat. Dennoch ist er eine Form der regelmäßigen geistigen Einkehr, bei der du Kraft tanken und zur Ruhe kommen kannst.

Vielleicht verbindest du mit dem Wort Meditation aber vor allem, still dazusitzen und abzuwarten, bis Ruhe in deinem Geist einkehrt? Leider ist diese Vorstellung von Meditation ziemlich verbreitet, obwohl genau diese Art der Meditation den meisten Menschen sehr schwer fällt. Aber es gibt zum Glück noch einige andere Möglichkeiten, geistig zur Ruhe zu kommen und deine Spiritualität zu pflegen. Ein meditativer Spaziergang ist so eine Möglichkeit. Außerdem hält er dich auf dem Laufenden, was gerade in der Natur vor sich geht. Sicherlich wird sich auch in deiner Nähe ein Park oder ein Feldweg finden lassen – und damit hast du eigentlich schon alles, was du brauchst. Ein meditativer Spaziergang beginnt bei dir um die Ecke und führt dich in eine möglichst naturbelassene Gegend. Wenn es möglich ist, gehe auf unasphaltierten Wegen, denn durch einen weicheren Boden wie Kies-, Sand-, Feld- oder Waldwege kommst du mit dem Element Erde besser in Kontakt. Außerdem ist es für deine Füße, Knie und den Rücken eine wahre Wohltat, wenn du mal nicht auf Asphalt läufst ... Benutze Schuhe, mit denen du den Fuß abrollen und den Boden gut spüren kannst. Wichtig bei deinem Weg ist, dass du keine großen Vorbereitungen treffen musst, also vorher keine zu weite Wegstrecke auf Straßen oder mit Auto oder Fahrrad zurücklegen musst, um mit deinem Spaziergang zu starten. Das hat den Vorteil, dass du einen Ausflug leicht machen kannst, auch wenn es dir mal nicht so gut geht, und du dringend Kraft, Besinnung und Erholung brauchst. Nach meiner Erfahrung kriegst du von der Natur auch mehr mit, wenn du wirklich nur läufst, also nicht joggst oder Fahrrad fährst. Finde dein eigenes Tempo, bei dem dir die Bewegung gut tut und Kopf und Schultern sich langsam lockern und entspannen. Außerdem findest du mehr zur Natur und zu dir selbst, wenn du alleine gehst. Falls du dennoch mit einer Freundin laufen willst, kann es gut sein, wenn ihr für eine gewisse Zeit vereinbart, gemeinsam zu schweigen. Das kann am Anfang etwas ungewohnt sein, ist jedoch eine gute Übung. Sei einfach offen für die Geräusche der Natur ... Da du keine Tageswanderung machen wirst, brauchst du eigentlich auch wenig Gepäck. Ich nehme manchmal etwas zu trinken mit oder ein bisschen Räucherwerk, manchmal auch ein kleines Dankopfer für die Natur. Aber du kannst auch dein Tagebuch mitnehmen oder ein Buch mit einem Ritualvorschlag, wenn du draußen in der Natur eines durchführen willst.

Falls dir nicht auf Anhieb einfällt, wo du in deiner näheren Umgebung loslaufen könntest, erkunde erst einmal deine Umgebung. Ich musste auch nach jedem Umzug erst einmal wieder neu anknüpfen, um so einen Weg zu finden. Wenn du deine Gegend kennst, ist es gut, wenn du eine Art Hauptweg festlegen kannst, den du dann regelmäßiger gehst. Das heißt jetzt natürlich nicht, dass du, wann immer du das Haus verlässt, auf dem gleichen Weg herumtrotten sollst, bis es dir zum Halse heraushängt. Aber ein meditativer Spaziergang lebt von der Wiederholung. Vielleicht schält sich ja im Laufe der

Zeit ein Lieblingsweg heraus, der von der Laufrichtung und Länge her gut in deinen Alltag passt. Nimm dir mindestens 20 Minuten Zeit für diesen Weg, denn 20 Minuten lassen sich in der Regel gut in den Alltag einbauen. Am Anfang ist es gut, mindestens einmal pro Woche den Weg zu gehen, bis du richtig vertraut bist mit ihm.

Das klingt jetzt vielleicht noch merkwürdiger für dich. Vielleicht fragst du dich, was soll es mir bringen, über längere Zeit jede Woche mindestens einmal den gleichen Spaziergang zu machen? Der Grund ist einfach: Wenn du den Weg öfter in der gleichen Weise gehst, wirst du mit der Zeit offener für die Veränderungen der Natur. Du kannst sehen, wie sich die Natur im Wechsel der Jahreszeiten verändert. Du nimmst dir mit diesem Spaziergang also Zeit, die Natur genauer kennen zu lernen. Wenn du zum Beispiel im Frühling anfängst mit dem Spaziergang, kannst du Folgendes beobachten: In der einen Woche siehst du vielleicht noch die Knospen am Strauch, in der nächsten Woche springen sie auf, in der übernächsten Woche blühen sie in voller Schönheit, bis sie dann wieder verwelken und einige Wochen später die Früchte folgen. Du kannst die Natur dabei so gut kennen lernen, dass du nach einiger Zeit genau weißt, wo welche Kräuter wachsen, wann welche Pflanzen blühen und wann welche Beeren erntereif sind. Du lernst dabei auch, zu erkennen, wie eine bestimmte Pflanze aussieht, bevor sie ihre typischen Früchte, Blüten oder Blätter entwickelt. Wenn du etwas über Pflanzenheilkunde lernen willst, beginne also mit den Kräutern und »Unkräutern« in deiner direkten Umgebung. Bringe etwas über sie in Erfahrung, bevor du teure Kräuter im Laden kaufst.

Du kannst auf deinem regelmäßigen Spaziergang außerdem die wilden Blumen und den Schmuck für deinen Hausaltar sammeln. Immer wieder frische Blumen zu kaufen ist einfach zu teuer. Ein kleiner Zweig von einem Strauch oder Baum in deiner Umgebung ist der Natur viel näher als gekaufte Blumen. Wenn du nicht zu schnell gehst, sondern aufmerksam die Natur beobachtest, kannst du außerdem schöne Steine finden oder Schneckenhäuser. Du kannst dich mit der Natur austauschen. Versuche einfach einmal, symbolisch zu deuten, was dir begegnet. Oft hat es einen tieferen Sinn, worauf du zuerst aufmerksam wirst. Dann fällt dir vielleicht auf, dass du ein Schneckenhaus findest, weil du dich selbst gerade am liebsten verkriechen würdest ... Oder eine Taube fliegt vor deiner Nase hoch, und du merkst, dass du mit einem Thema in dir Frieden schließen musst.

Wenn du den Spaziergang nutzen willst, um mit Tieren in Kontakt zu kommen oder um noch mehr zur Ruhe zu kommen, brauchst du eine Stelle, wo du innehalten kannst. Das kann eine Parkbank sein, ein Baum oder ein großer Stein, auf dem du gerne sitzt. Dann erweitert sich der Spaziergang um eine Ruhepause in der Natur, in der du verstärkt innere Zwiesprache mit der Natur hältst. Bei so einer Ruhepause kannst du lauschen und beobachten, was dir an der Natur auffällt und dir in den Sinn kommt. Bis die Tiere näher an dich herankommen, musst du allerdings einige Zeit schweigend und ruhig sitzen.

Es kann auch sein, dass du wahrnimmst, dass dein inneres Erleben und das Geschehen in der Natur gerade ganz auseinander fallen. Vielleicht ist gerade strahlender Sonnenschein, und dir ist eher zum Heulen. Oder alles blüht auf im Frühling, du bist aber gerade mit etwas gescheitert und weißt gar nicht, wann dir wieder etwas Neues gelingen soll. Auch dann kannst du Halt in der Natur suchen, um zu einem inneren Ausgleich zu finden. Versuche ein Gefühl dafür zu bekommen, wann dein inneres Erleben eher mit der Natur übereinstimmt oder ihr eher zuwiderläuft. Es ist z. B. etwas anderes, sich im Frühling zu verlieben als im Herbst. Es gibt viel mehr Tiere, die ihre Brautwerbung im Frühling haben, so dass du im Frühling mit deiner Verliebtheit eher mit der Energie der Natur gehst. Andererseits kannst du eine Trennung im melancholischen Herbst viel intensiver empfinden.

Mit der Zeit kannst du deinen Spaziergang dann um eine innere Zwiesprache mit der Natur erweitern. Dazu ein paar Vorschläge. Wenn du z. B. die erste Erde unter den Füßen spürst, kannst du innerlich sprechen: »Ich grüße dich, Element Erde. Du trägst und nährst mich.« Wenn du die ersten Vögel oder Schmetterlinge siehst, oder wenn du einen Windhauch spürst, kannst du sprechen: »Ich grüße dich, Element Luft, und alles was fliegt in dir. Erfrische meinen Geist, sende mir neue Gedanken und Ideen!« Wenn du die Wärme der Sonnenstrahlen spürst oder einen Stapel Feuerholz siehst, kannst du sprechen: »Ich grüße dich Element Feuer. Du erwärmst mich und machst mir Mut.« Wenn du einen Bach oder eine Pfütze betrachtest oder ein paar Regentropfen abkriegst,

dann kannst du sprechen: »Ich grüße dich, Element Wasser. Du belebst meine Gefühle und meine Intuition.« Das sollten jedoch nur Anregungen sein, wie du auf deinem Spaziergang bewusster mit der Natur und den vier Elementen in Kontakt kommen kannst.

Während du zu Hause am Hausalter aus dir selbst heraus in fester Reihenfolge die Elemente rufst, kannst du in der Natur üben, dich von den Pflanzen, von den Steinen, von den Elementen ansprechen zu lassen. Werde offen für die Signale der Natur! Vielleicht stehst du irgendwann sinnend vor einem Baum und erkennst in seinem Rindenmuster ein Zeichen, ein Symbol. Oder du liegst verträumt auf der Wiese und schaust in die Wolken, bis du ein Bild darin erkennst, was dir einen neuen Anstoß gibt. – Aber es wird nicht immer das passieren, was du dir vorstellst. Es kann auch sein, dass du länger unter einem Baum sitzt, dir keine Idee zu kommen scheint und du dann auf einmal merkst, dass du von lauter kleinen grünen Käferchen übersäht bist, die wohl vom Baum gefallen sind. Die Sprache der Natur ist für uns nicht immer verständlich und manchmal erlauben sich die Naturgeister auch einen kleinen Scherz mit uns, bis sie ihre Weisheit offenbaren ...

Natürlich ist nicht jeden Tag so tolles Wetter, dass du immer Lust auf einen Spaziergang hast. Du musst dich nicht zwingen, bei strömendem Regen draußen herumzulaufen, wenn du das nicht magst. Manch eine unternimmt vielleicht aber doch gerne einen Regenspaziergang, wenn sie gut in wetterdichte Kleidung gehüllt ist. Denn bei Regen entwickeln sich ganz eigene Gerüche, die feuchte Erde oder die nasse Baumrinde riecht ganz anders, viel würziger. Der Spaziergang soll dir also auf alle Fälle Spaß machen und keine langweilige Pflichtübung werden. Wenn du Regenspaziergänge nicht magst, lass diese Tage erst mal aus. Vielleicht kommst du später noch auf den Geschmack. Wichtig ist jedoch, dass du den Weg das ganze Jahr über, in jeder Jahreszeit immer wieder gehst. Wenn du nur im Frühling und Sommer in die Natur gehst, fehlt dir ein wesentlicher Teil des Jahreskreises. Sicher wirst du im Winter nicht stundenlang auf einer Parkbank sitzen bleiben. Aber wenn du dich warm genug anziehst, kannst du beispielsweise auch bei trockenem Frost etwas länger bei deiner Baumfreundin bleiben und die Energie des klaren Winters spüren. Probiere auch, den Weg zu verschiedenen Tageszeiten zu gehen.

Mit der Zeit wirst du mit einem Fleckchen Erde in deiner Umgebung immer vertrauter. Wir Wicca glauben, dass die Erde es dir auch dankt, wenn die Naturgeister in der Umgebung merken, dass wieder jemand die Natur ehrt und die alten Rituale feiert. Vielleicht kannst du auch etwas Verantwortung für deinen Park oder Feldweg übernehmen. Vielleicht organisierst du mal mit Freundinnen und Nachbarn eine freiwillige Müllsammlung? Denn wenn du genauer hinsiehst, wirst du merken, wie viele Dinge in der Natur weggeworfen werden, die dort nicht verrotten können und die die Natur einfach nur stören und verschmutzen.

Fragen zum Nachsinnen:

Gehst du gerne spazieren, oder joggst du lieber?

Wie viel Natur findest du in deiner näheren Umgebung?

Hast du schon eine Idee, wo du so einen Spaziergang machen könntest? Hast du schon einen Lieblingsweg?

Machst du vielleicht schon öfter solche Spaziergänge und hast dich in dem Text wieder erkannt?

# III. Rituale im Alltag

## Welche Funktionen haben Rituale?

Hexen benutzen in ihrem Alltag größere und kleinere Rituale – doch nicht nur Hexen tun das. Der Alltag von fast allen Menschen ist von Ritualen und ritualisierten Handlungen durchzogen. Wir alle haben sehr festgelegte Gewohnheiten, wie wir gerne aufstehen, wie wir uns anziehen, wie wir uns waschen und wie wir gerne frühstücken. Den meisten Menschen sind diese alltäglichen Rituale nicht bewusst, sie bemerken sie erst, wenn sie z. B. durch einen Krankenhausaufenthalt in ihrer Routine gestört werden.

Hier in diesem Kapitel sind jedoch vor allem bewusste Rituale gemeint, die als solche auch wahrgenommen werden und bewusst gestaltet werden. Warum nutzen wir Rituale? Welche Funktionen haben solche Rituale? Nun, Rituale schaffen eine innere Ordnung, sie können einem seelischen und spirituellen Erlebnis eine stützende Struktur geben. Sie können Erfahrungen schaffen, eine emotionale und spirituelle Sicherheit geben, und sie können helfen, mit Gefühlen anders umzugehen. Rituale können helfen, dass du wieder mit dir in Kontakt kommst, dich selbst wieder klarer spürst. Darüber hinaus können sie auch eine heilsame Wirkung haben, sie können Sprachlosigkeit überwinden, denn indem Rituale mit Symbolen und Bildern arbeiten, sprechen sie eine andere Ebene in uns an als bloße Worte. Rituale können dich den Kräften der Natur näher bringen, so dass du bewusst Kontakt zum Kreislauf der Natur oder der Gestirne aufnimmst und dich davon stärken und anregen lässt. Ich will im

Folgenden auf diese möglichen Wirkungen von Ritualen näher eingehen.

*Rituale schaffen Ordnung und geben Struktur*

Ein Ritual sollte eine klare Struktur haben und kann dir so helfen, ein geistiges Erlebnis, die Bewältigung eines Gefühls oder eine spirituelle Handlung besser zu verarbeiten. Das Erlebnis, das du im Ritual gestalten willst, erhält so einen klaren Rahmen, der dir ermöglicht, in die Erfahrung einzutauchen und sie auch wieder zu beenden. Dazu ist besonders die rituelle Rahmenhandlung wichtig, die einen klaren Übergang von der Alltagswirklichkeit in eine spirituell angeregte Atmosphäre schafft.

Die rituelle Rahmenhandlung beginnt mit der Erdung und Reinigung, dem Ziehen des Schutzkreises, dem Bilden des Energiekreises (bei einem Gruppenritual) und der Anrufung der vier Elemente. Bei Bedarf können noch andere Kräfte oder Gottheiten gerufen werden. Am Ende des Rituals wird der Rahmen umgekehrt wieder aufgelöst: Die Kräfte werden in umgekehrter Reihenfolge verabschiedet, der Kreis wird aufgelöst, und es erfolgt wieder eine Erdung, die überschüssige Kräfte ableitet und hilft, wieder in die Alltagsrealität zu kommen. Sie kann dann in ein gemeinsames Essen und Feiern übergehen.

Je öfter du Rituale durchgeführt hast und je häufiger du die rituelle Grundstruktur aus Rahmenhandlung und magischer Haupthandlung verinnerlicht hast, umso leichter gelingt dir auch der Übergang. Der rituelle Rahmen schafft einen besonderen Raum, in dem für dich und die Teilnehmenden ein Innehalten, ein Nachsinnen, ein emotionales Erleben, ein vertiefter Naturkontakt oder ein aktives magisches Arbeiten möglich ist.

*Rituale schaffen Erfahrung*

Rituale machen wortlose Prozesse erfahrbarer. Sie schaffen einen geschützten Raum, in dem andere Erfahrungen möglich sind als in der Alltagswelt. Hier kann Raum sein für eine vertiefte emotionale Erfahrung oder eine emotionale Klärung. So eine Klärung kann z. B. stattfinden, wenn an Halloween eine bewusste Verabschiedung eines Verstorbenen erfolgt. Eine ähnliche Klärung erfolgt, wenn aus dem Schnitterinnenritual die Kraft für eine Trennung geschöpft wird, denn nach der spirituellen Grundauffassung, die hinter den Jahreskreisfesten steht, sind bestimmte Zeiten im Jahr geeigneter als andere Zeiten, um bestimmte emotionale Erfahrungen zu vertiefen.

Ein Ritual kann signalisieren: Hier ist jetzt der Platz für deine Gefühle und deine seelischen Prozesse, für die du im Alltag keinen Raum findest. Ein Ritual kann auch zeigen: Hier ist jetzt der Raum konzentrierter Stille für deine spirituelle Suche oder den intensiven Kontakt mit der Natur oder deinen intuitiven Kräften, die im Alltag oft untergehen. So schaffen Rituale Räume für Erfahrungen und bieten gleichzeitig einen Rahmen, von der Erfahrung wieder in den Alltag zurückzufinden.

*Rituale stiften Gemeinschaft*

Dies trifft sowohl für die alleine praktizierende Wicca als auch für Gruppenrituale zu, auch wenn wir die Gemeinschaft sicherlich eher bei einem Gruppenritual spüren. Doch auch wenn du alleine Wicca praktizierst, wenn du alleine ein Vollmond- oder ein Walpurgisfest feierst, weißt du dennoch, dass du dich damit mit allen Gruppen zusammenschließt, die in dieser Nacht ebenfalls feiern und die alte Religion ehren.

Dennoch erleben wir die Gemeinschaft stiftende Wirkung bei einem Gruppenritual stärker. Der gemeinsam gebildete Kreis kann eine Erfahrung einer stärkenden, stützenden spirituellen Gemeinschaft sein. Wenn eine Gruppe gemeinsam an Halloween der Ahnen und der Verstorbenen gedenkt, entsteht eine andere Kraft, als wenn ich alleine feiere. Ich kann mich eventuell durch den Schutz der Gruppe tiefer in meine Trauer fallen lassen, weil die Gruppe mich trägt. Ein fester Coven, der schon länger als Gruppe regelmäßig Rituale feiert, kann sogar zu einer Lebensgemeinschaft werden, bei der sich die Mitglieder des Ritualkreises auch im Alltag treffen und unterstützen.

Familienereignisse können in einem gemeinschaftlichen Ritual begangen werden. Dabei wird die familiäre Gemeinschaft gestützt. Das kann ein Tauf-, ein Hochzeits- oder ein Beerdigungsritual sein. Diese herausragenden Ereignisse im Familienleben werden im Ritual gemeinsam bekräftigt. Die Familiengemeinschaft drückt im Ritual ihre Unterstützung für die einzelnen Personen aus, deren Leben durch diese Ereignisse verändert werden.

*Rituale geben Sicherheit*

Ein Ritual kann mir durch seinen festen Rahmen Sicherheit geben. Wenn ich Vertrauen in die rituelle Arbeit habe und den rituellen Rahmen gut kenne, kann z. B. ein vertrautes Gruppenritual zu Halloween mir einen sicheren Rahmen geben, mich tiefer auf die Trauer um einen Verstorbenen einzulassen. Ich weiß, dass ich durch den stützenden Ritualkreis nicht alleine mit meiner Trauer bin und dass ich durch den rituellen Rahmen auch wieder Hilfe bekomme, mich von der Trauer zu lösen und mich trösten zu lassen.

Durch den schützenden Kreis, sei es in Form der Gruppe oder des alleine gezogenen magischen Schutzkreises, habe ich außerdem einen geschützten Rahmen für eine vertiefende spirituelle Erfahrung. Eine Trance oder ein Orakel im Rahmen eines Ritualkreises und eines Schutzkreises gibt mir mehr Sicherheit als eine alleine durchgeführte Trance ohne Schutzkreis. Der Schutzkreis schützt mich vor spirituell unguten Erfahrungen und Kräften, die mir gefährlich werden könnten. So kann ich mich tiefer auf das Orakel oder die Trance einlassen.

*Rituale helfen bei der Bewältigung von Gefühlen*

Rituale können helfen bei der Bewältigung von Gefühlen. Gemeint sind dabei vor allem die Gefühle, die wir ungern zulassen und eher abwehren. Das kann die Trauer sein, die z. B. als Trauer um Verstorbene an Halloween ihren festen Platz hat oder als Trauer bei Trennungen an Schnitterin. Das können aber auch Ängste sein, beispielsweise die Angst vor einem Neuanfang, die an Ostara gestaltet und mit Mut für einen Neuanfang gestützt werden kann. Das können Sorgen um ein neugeborenes Kind sein, das in der Taufe gesegnet wird. Das können die Ängste beim Eingehen einer wirklich ehrlichen und verbindlichen Partnerschaft sein, die im Trauritual ausgedrückt und bewusst gestaltet werden können. Es kann aber auch die Freude an einer Ernte, an einem Erfolg sein, die im Schnitterinnenritual ausgedrückt wird. Genauso kann man in Ritualen natürlich auch die Dankbarkeit für die hellen Momente im Leben ausdrücken – beispielsweise an der Sommersonnenwende – oder die Dankbarkeit für ein überwundenes Leid und eine Lektion aus unseren schwersten Stunden.

Rituale bieten einen Raum, Gefühle bewusst zu gestalten, zu erleben und sie so besser zu bewältigen. Da Rituale auf der symbolischen Ebene arbeiten, bieten sie eine andere Bewältigung als das Aussprechen und Bearbeiten von Gefühlen im Gespräch. Selbst wenn wir über bestimmte Gefühle kaum sprechen können, finden wir vielleicht im Ritual einen symbolischen Ausdruck unserer Gefühle: Der symbolische Brief an einen Verstorbenen, den ich verbrenne oder begrabe, bringt das Rätsel des Sterbens und Abschiednehmens anders zum Ausdruck als ein bloßes Nachdenken und Sprechen darüber.

*Rituale machen etwas sichtbar*

Rituale machen Gefühle, geistiges Erleben, spirituelle Prozesse oder die Phasen der Natur sichtbar, indem geistiges Erleben und Gefühle symbolisch und sinnlich erfahrbar werden. Rituale arbeiten mit Farben, mit Gerüchen, mit Symbolen, mit magischen Werkzeugen, mit inneren seelischen Bildern. Rituale verwenden Bilder und Symbole, wie sie auch im Tarot oder im Märchen zu finden sind. Diese Bilder sind in einer tiefen menschlichen Seelenschicht vielen Menschen vertraut. Sie entsprechen der Vorstellung C. G. Jungs vom kollektiven Unterbewusstsein. Rituale regen damit tiefere seelische Schichten an als Worte und Gespräche, sie regen unser inneres Kind an und altes menschliches Weisheitswissen. Sie regen die Intuition und kreative Kräfte an – und damit mehr unsere Gefühle als unseren Verstand. So können andere Seiten unseres Wesens zum Ausdruck kommen.

*Rituale helfen, in Berührung mit sich selbst und dem Göttlichen zu kommen*

Rituale bieten einen Rahmen an, in dem ein Innehalten und ein strukturierter Ausstieg aus dem Alltag möglich ist. So kann ich für einen Moment aus meinem Alltag heraustreten und wieder in Berührung mit mir selbst kommen. Wir alle kennen es, dass wir durch Zeitnot und äußere Pflichten (sei es nun Schule, Studium, Jobben, Beruf oder Familie) immer wieder den Kontakt zu uns selbst und damit auch den Kontakt zum Göttlichen abreißen lassen. Ein ehrlicher Kontakt zu uns selbst und eine aufrichtige Beziehung zum Göttlichen muss regelmäßig gepflegt werden, um erhalten zu bleiben.

Rituale können durch ihre feste Struktur und ihre Regelmäßigkeit im Alltag zu einem Anker werden, an bestimmten Tagen wieder bewusst diesen Kontakt aufzunehmen. Das können die regelmäßig wiederkehrenden Jahreskreisfeste oder die Vollmondfeste sein, das kann eine regelmäßige Meditation an einem bestimmten Wochentag sein. Rituale brauchen jedoch eine gewisse Regelmäßigkeit, um diese Funktion erfüllen zu können.

### *Rituale können heilsam sein*

Die heilende Wirkung von Ritualen ist schon oft beschrieben worden. Ich meine hier nicht die großen Wunderheilungen auf der körperlichen Ebene, bei denen eine Lähmung oder ein Krebs auf wundersame Weise verschwindet. Diese Begabungen zur Geistheilung sind umstritten und nur bei wenigen Menschen wirklich vorhanden. Ich meine eher die psychologisch heilsame Wirkung, wenn ein Lebensereignis bewusst im Ritual gestaltet und bekräftigt wird. Das kann, wie schon gesagt, die Bekräftigung einer Trauung oder einer Trennung sein.

Rituale können genutzt werden, um in der Therapie bearbeitete Probleme noch einmal zu einem symbolischen Abschluss zu bringen. Dennoch muss vorher eine psychotherapeutische Auseinandersetzung mit dem Problem stattgefunden haben. Denn ich glaube nicht, dass Rituale eine ärztliche oder psychotherapeutische Behandlung ersetzen können – wenn sie sie auch sehr wohl ergänzen und Selbstheilungskräfte aktivieren können.

Rituale haben auch eine seelisch heilsame, vorbeugende Funktion, indem sie dich immer wieder in Kontakt mit dir selbst und mit deinen Gefühlen bringen. Wenn du dir erlaubst, deine Gefühle im Ritual zuzulassen und zu zeigen, und wenn du vom Ritualkreis damit angenommen und gestützt wirst, kannst du dich danach auch besser selbst annehmen – mit all deinen Gefühlen. Der Fluss deiner Gefühle kommt besser in Gang, und so können sich weniger verdrängte Gefühle anstauen.

*Rituale binden an den Rhythmus der Natur an*

Rituale können dich den Kräften der Natur näher bringen, so dass du bewusst Kontakt zum Kreislauf der Natur oder der Gestirne aufnimmst und dich davon stärken und anregen lässt. Dies findet an den Jahreskreisfesten statt oder auch an den Vollmonden. Wenn du regelmäßig die Jahreskreisfeste feierst, fragst du dich an markanten Punkten im Jahr: Was geschieht in der Natur gerade, und wie passt das zu dem, was gerade in meinem Leben passiert?

Wenn du mit einem astrologischen Mondkalender lebst und die Vollmonde feierst, bemerkst du, wie der Mond von Monat zu Monat durch die Sternzeichen wandert und verschiedene astrologische Kräfte anregt. So kannst du einen astrologischen Rhythmus im Alltag erfahren. Manche Astrologen feiern auch andere Gestirnskräfte, z. B. wenn die etwas langsameren Planeten in ein neues Zeichen eintreten.

Ebenso kannst du bewusst ein Ritual feiern, wenn deine Menstruation einsetzt und dich so bewusster mit dem Rhythmus deiner eigenen Körpernatur verbinden. Du kannst dich dann z. B. bewusst baden und eincremen mit einem entspannenden Öl und dadurch deine Eigenliebe und Fürsorglichkeit für dich selbst unterstützen.

Ich hoffe, dir sind einige mögliche Funktionen von Ritualen klarer geworden. Jetzt verstehst du vielleicht auch, warum Hexen in ihrem Alltag regelmäßig Rituale feiern.

Fragen zum Nachsinnen:

Welche Funktionen von Ritualen kanntest du schon?

Welche Funktion haben Rituale für dich? Welche hast du schon erlebt und gespürt?

Fühlst du dich durch einen rituellen Rahmen bereits sicher und getragen, oder bist du noch sehr aufgeregt und unsicher dabei?

Hast du die Gemeinschaft aller Wicca schon einmal im Ansatz spüren können, auch wenn du alleine im Ritual warst?

# Ein Ritual selbst vorbereiten

Wenn du für dich oder für deinen Coven ein Ritual entwickeln willst, dann kannst du verschiedene Wege einschlagen. Meistens wirst du jedoch zuerst die rituelle Haupthandlung entwickeln und dann eine Rahmenhandlung um die Haupthandlung herum aufbauen. Nehmen wir einmal an, du willst ein Jahreskreisfest feiern und möchtest dafür kein vorgeschriebenes Ritual verwenden, sondern selbst eines entwickeln. Oder du hast nur ein Gruppenritual und willst aber alleine ein Ritual zu dem Fest durchführen – oder andersherum.

Wenn du schon viele Feste gefeiert hast, kennst du die Themen der Jahreskreisfeste ganz gut. Dann kannst du oft aus deinem Gefühl heraus eine stimmige Ritualhandlung entwerfen. Wenn du aber noch nicht so lange in der Tradition bist, ist es sinnvoll, dass du ein paar Ritualvorschläge zu dem Fest oder dem Ritualthema nachliest. Wenn ihr in einem Kreis vorbereitet, ist es gut, wenn ihr vor dem Vorbereitungstreffen alle ein paar Texte zu dem Fest gelesen habt. Oder ihr verteilt die Texte, und jede liest einen. Frage dich dabei: Was spricht mich an? Was kann ich mir vorstellen, was erscheint mir durchführbar? Wenn du eine Ritualanweisung nicht verstehst, könnt ihr es in der Gruppe vielleicht klären. Eventuell könnt ihr eine Frage auch in einem Internetforum klären, oder du lässt dieses Ritual weg und nimmst eine andere, verständlichere Beschreibung.

Wenn du genug Material gesichtet hast, ist es gut, wenn du dich auf ein Hauptthema festlegst. Ein Halloweenfest kann den Schwerpunkt auf der Ehrung der Ahnen ganz allgemein, auf der Auseinandersetzung mit der eigenen Großmutter oder auf der Trauer um einen Verstorbenen haben. Für den Anfang ist es leichter, wenn du dich für **ein** mögliches Ritualthema entscheidest, sonst wird das Ritual zu lang und zu unübersichtlich. Ebenso ist es an Schnitterin: Das Ritualthema kann hier eher Ernte sein oder eher Trennung und das Ende eines Lebensabschnitts. Manchmal fällt beides zusammen, aber manchmal sind es auch so verschiedene Dinge, dass es besser ist, sich auf ein Thema zu beschränken.

Wenn du ein Thema gefunden hast, das dich anspricht, überlege, welche Haupthandlung du nehmen willst. Wenn ihr in einer Gruppe vorbereitet, ist es gut, wenn eine Person während der Vorbereitungen die Ideen gleich mitschreibt. Nehmen wir einmal an, ihr entscheidet euch an Halloween für eine Auseinandersetzung mit den eigenen Großmüttern. Was fällt euch dazu ein, wie könnt ihr das gestalten? Jede Person kann ein Foto von ihrer Oma oder ihren beiden Omas mitbringen, ihr könnt euch aber auch einfach von euren Großeltern erzählen. Genauso ist es möglich, dass ihr erst einmal in der Stille an dem Thema arbeitet, indem jede einen Brief an ihre Oma schreibt und ihr darin Dinge mitteilt, die sie sich nicht traut, offen zu sagen. Ihr müsst diese Briefe nicht abschicken. Ihr könnt euch nach der stillen Arbeit darüber austauschen, was ihr mögt an euren Omas und was euch nervt. Weswegen seid ihr dankbar für eure Omas, und wo ist euer Verhältnis gespannt? Dann könnt ihr das Gesammelte in einer symbolischen Handlung ausdrücken. Dazu könnt ihr die Briefe verbrennen und dabei die alte Göttin bitten, euch die Kraft eurer konkreten Ahnen positiv erfahren zu lassen. Denn das sind die Omas ja, es sind eure ganz konkreten Ahnen. Falls ihr nicht gerne schreibt, könnt ihr ein Bild malen, das eure Gefühle für eure Oma ausdrückt oder eine Erinnerung mit ihr. Falls ihr eure Bilder und Briefe lieber behalten wollt, als sie im Feuer symbolisch wandeln zu lassen, könnt ihr sie auch in euer magisches Tagebuch kleben oder ins Zimmer hängen.

Eine andere symbolische Handlung kann sein, dass jede bewusst ihre Ahnenfolge aufsagt. Du sagst z. B.: »Ich bin Maria Schneider, ich bin die Tochter von Marianne Schneider, die die Tochter von Ursula Berger war.« Der Kreis kann das dann wiederholen: »Du bist Maria, die Tochter von Marianne, die die Tochter von Ursula war.« Nehmt eure Ahnenfolge bewusst wahr, während jede im Kreis sich so beschreibt und der Kreis die Ahnenfolge wiederholt. Dann kann jede reihum sagen, was sie noch gerne von ihrer Oma lernen möchte oder gerne gelernt hätte.

Sucht eine symbolische Handlung aus den Vorschlägen in den Büchern, die euch zum Thema stimmig erscheint, oder entwickelt eine. Nehmen wir jetzt einmal an, dass ihr euch an Halloween für ein Gruppenritual entschieden habt und eine symbolische Arbeit mit den eigenen Großmüttern. Ihr wollt vielleicht das Einzelritual aus meinem ersten Buch in ein Gruppenritual umwandeln. Dann ist es möglich, dass jede ein Photo ihrer Oma oder Omas mitbringt und etwas Schreibzeug, um einen Brief an sie zu schreiben. Dann wollt ihr euch austauschen und bewusst eure Ahnenfolge aussprechen. Damit habt ihr eine magische Arbeit, die als Haupthandlung möglich ist und zum Thema des Festes passt. Jetzt könnt ihr anfangen, das Drumherum zu planen, also die Rahmenhandlung und die Dekoration. Ein Teil der Dekoration steht schon fest, nämlich die Fotos. Weiter könnt ihre eine klassische Halloweendekoration wählen, z. B. mit einem schwarzen Tuch, einer Kürbislaterne, etwas Efeu und Symbolen für die vier Elemente. Während ihr vorbereitet, klärt gemeinsam, wo ihr feiern wollt und wer welchen Gegenstand der Dekoration mitbringt.

Bei der Rahmenhandlung sucht ihr euch jetzt Anrufungen, die zum Festthema passen. An Halloween können vor allem Götter und Göttinnen gerufen werden, die für den dunklen, weisen, alten Aspekt der Götterwelt stehen. Das können z. B. Hekate, Cerridwen, Saturn oder Rhea sein. Überlegt, ob ihr eine einfache Anrufung der vier Elemente wählen wollt, oder ob ihr bereits in der Anrufung einen Bezug zum Fest herstellen wollt.

Die einfachste Anrufung für das Element Luft ist »Ich rufe das Element Luft aus dem Osten. Komm in unseren Kreis!« Verwende besser eine kurze Anrufung, die du frei sprechen kannst, als eine lange Anrufung, die du nur noch ablesen kannst. Du kannst die Anrufung aber erweitern und in Bezug zu dem Fest setzen, dann könntest du z. B. sagen: »Ich rufe das Element Luft aus dem Osten. Schärfe unseren Blick für den Verstand und den Geist unserer Großeltern. Gib uns gute Ideen! Komm in unseren Kreis!«

Beim Feuer kannst du rufen: »Ich rufe das Element Feuer aus dem Süden. Wecke unsere leidenschaftlichen Gefühle für unsere Großeltern, Gefühle von Streit und Gefühle von Freude. Du stehst für die Wärme des Herdfeuers, für die herzliche Wärme, die in der Familie möglich ist. Komm in unseren Kreis!«

Beim Wasser kannst du rufen: »Ich rufe das Element Wasser aus dem Westen in den Kreis. Wecke unsere Gefühle der Liebe und der Trauer, die wir mit den Großeltern verbinden, stärke unsere gemeinsame spirituelle Suche. Komm in unseren Kreis!«

Beim Element Erde kannst du rufen: »Ich rufe das Element Erde aus dem Norden in den Kreis. Du stehst für die weise alte Kraft der Erde, lass uns diese auch in unseren Ahnen erkennen. Komm in unseren Kreis.«

So einfach ist es möglich, eine Anrufung der vier Elemente abzuwandeln, so dass sie gleich einen Bezug zum Fest herstellt und auf das Thema des Festes einstimmt. Dann überlegt euch, wie ihr den Schutzkreis ziehen, den Energiekreis bilden und die Reinigung durchführen wollt. Hier kann der Duft des Räucherwerks zur Reinigung auf das Fest abgestimmt werden oder die Farbe des Lichtkreises beim Visualisieren des Schutzkreises.

Am Schluss der Vorbereitungen solltet ihr zwei Listen haben: eine Liste für den zeitlichen rituellen Ablauf und eine für die Zutaten. Die Liste für den zeitlichen Ablauf enthält die Reihenfolge der rituellen Rahmenhandlung und der Haupthandlung. Legt dabei auch fest, wer welche Handlung durchführen und wer welche Anrufungen sprechen soll. Versucht eine zeitliche Schätzung, wie viel Zeit ihr euch für die einzelnen Elemente des Rituals nehmen wollt. Dabei merkt ihr unter Umständen auch, wenn ihr euch zu viel vorgenommen habt für ein Ritual. Auf alle Fälle ist die Liste eine wichtige Gedächtnisstütze, wenn ihr nicht gleich alles auswendig lernen wollt. Das heißt, ihr solltet sie im Ritual in der Kreismitte griffbereit liegen haben.

Wenn mehr Leute am Ritual teilnehmen als vorbereitet haben (denn oft trifft sich eine kleinere Vorbereitungsgruppe), dann sollten die Vorbereitenden am Anfang des Ritualtreffens das Programm noch einmal vorstellen und kurz erklären.

Die zweite Liste ist genauso wichtig, sie enthält alle Zutaten, die für das Ritual und die Dekoration benötigt werden, und wer was mitbringt. Hier wird notiert, wer welches Ritualzubehör, wer die Dekoration, die Blumen oder ein Buch mit einer Anrufung mitbringt, die ihr verwenden wollt. Ihr könnt auch eine gemeinsame Kleidungsfarbe vereinbaren, an Halloween beispielsweise schwarze Kleidung. Außerdem gibt es Dinge, die jede Person mitbringen muss, in diesem Fall Photos der Großmütter und etwas Schreibzeug. Vergesst nicht, euch auch ein bisschen abzustimmen, dass jede etwas zu essen und zu trinken mitbringt, damit ihr am Ende des Rituals noch ein bisschen feiern, essen und euch erden könnt. Wenn nur eine kleine Vorbereitungsgruppe vorbereitet hat und alle anderen eingeladen werden, solltet ihr noch klären, wer wen benachrichtigt. Das ist wichtig, damit niemand vergessen wird und alle erfahren, wo gefeiert wird, was sie mitbringen sollen und zumindest wissen, auf welches Thema sie sich einstellen sollen.

Normalerweise braucht eine Ritualvorbereitung etwas Zeit, ihr habt vielleicht verschiedene Ideen und wollt das erst ausdiskutieren. Außerdem kann es sein, dass euch Ideen zu den Zutaten kommen, die ihr erst besorgen müsst. Deswegen ist es sinnvoller, das Vorbereitungstreffen nicht am gleichen Tag wie das Ritual selbst zu veranstalten. Wenn ihr in einer Gruppe die Jahreskreisfeste feiert, werdet ihr merken, dass es zwischen den Festen einen Zeitraum gibt, an dem der Einfluss des vergangenen Festes nachlässt, aber noch etwas Zeit bis zum nächsten Fest ist. Das ist der beste Zeitpunkt für ein Vorbereitungstreffen. Wenn du ein Ritual für einen persönlichen Anlass entwickelst, kann ein Tag vorher reichen. Planst du jedoch ein Ritual für ein Familienfest (Taufe, Trauung usw.), dann solltest du dir einiges an Planungszeit lassen. Wahrscheinlich brauchen die Einladungen und die Überzeugungsarbeit beim Rest der Familie ohnehin auch etwas länger als bei Festen eines Covens, der bereits eine gemeinsame spirituelle Grundhaltung hat.

## Die rituelle Rahmenhandlung

Welche verschiedenen Möglichkeiten bieten sich, die rituelle Rahmenhandlung zu gestalten? Hier erhältst du noch einmal einen Überblick, damit du eine Auswahl vornehmen kannst und die Techniken wählen kannst, die dir gefallen.

Die Reihenfolge der einzelnen Bestandteile ist am Anfang des Rituals immer:

Reinigung

Ziehen des Schutzkreises

Bildung eines Energiekreises

Anrufung der vier Elemente

Eventuell noch Anrufung weiterer Kräfte oder Gottheiten

Im Folgenden möchte ich verschiedene Beispiel nennen, wie die einzelnen Bestandteile der rituellen Rahmenhandlung gestaltet werden können. Es gibt aber sicher noch mehr Möglichkeiten, dies sollen nur Anregungen sein.

*Womit kann eine Reinigung erfolgen?*

- Reinigung mit Räucherwerk: Hier hat sich Salbei oder auch Rosmarin bewährt.

- Reinigung mit Wasser durch bewusstes Duschen oder Benetzen des Stirn- und Scheitelchakras mit Wasser.
- Reinigung mit Heilerde (eher etwas für draußen): Die Aura (das Energiefeld des Körpers) wird mit Heilerde abgestreut. (Das sollte natürlich auch die Kleidung vertragen.) Dazu stellt sich eine Person vor die andere hin und streut ihr eine kleine, dünne Prise der pulverigen Heilerde über Kopf und Körper.
- Reinigung mit akustischen Mitteln: Die Aura wird mit einer Rassel gereinigt.
- Reinigung durch Visualisation: Es wird eine reinigende Lichtdusche visualisiert.

*Womit kann der Schutzkreis gezogen werden?*

- Durch das rituelle Messer: im Wohnzimmer Schneidebewegung nur andeuten, im Freien kann der Kreis richtig in die Erde gezogen werden. Alternativ kann zusätzlich ein Lichtstrahl visualisiert werden, der vom Messer ausgehend den Kreis schneidet.
- Durch Visualisation: einen Lichtkreis oder eine ganze Schutzhülle aus Licht visualisieren, oder ein Ziehen mit dem Ritualmesser visualisieren.
- Optisch sichtbar auslegen: Hier sind alle Materialien möglich: dicker Wollfaden, Blütenblätter, Heilerde streuen, Hülsenfrüchte oder Getreide ausstreuen, kleine Muscheln ... Wenn möglich, zusätzlich mit einer Visualisation verstärken.
- Mit akustischen Mitteln: Eine oder mehrere Personen gehen den Kreis einmal oder dreimal mit einer Rassel ab.

- Mit Räucherwerk: Eine oder mehrere Personen gehen den Kreis einmal oder dreimal mit einem Räucherwerk ab. (Wenn nur eine Person feiert, kann sie sich auch mit der Rassel oder dem Räucherwerk einmal um sich selbst drehen für einen ganz engen Ritualkreis.)

*Wie kann der Energiekreis gebildet werden?*

Der Energiekreis ist nur nötig bei einem Gruppenritual, er dienst der bewussten Verbindung der Einzelpersonen zu einem Ritualkreis und der Erhöhung / Anhebung der Energie, der Ritualstimmung im Kreis.

Der Energiekreis kann gebildet werden

- durch Visualisation, dazu möglichst eine vorhandene Energiequelle anzapfen (Erdenergie, Himmels-, Sonnen- oder Mondenergie) und diese in die Gruppe ziehen und im Kreis weiterleiten lassen. (Die Erdenergie hat den Vorteil, dass sie gleichzeitig eine Erdung bietet.)
- Durch gemeinsame Kreistänze.
- Durch gemeinsames Tanzen und Singen.
- Durch gemeinsames Abschreiten des Kreises – stampfend und klatschend (auch das Stampfen erdet und verstärkt noch einmal den Kreis).
- Durch gemeinsames Chanten, also das Singen einfacher meditativer Liedstrophen oder Silben, dabei klatschen.
- Durch gemeinsames Singen von Chakrentönen.
- Durch gemeinsames mehrmaliges bewusstes Ein- und Ausatmen im gleichen Rhythmus (Achtung, nicht zu lange machen, nicht hyperventilieren! Keinem sollte dabei schwindelig oder gar schwarz vor Augen werden!)

- Durch das Wandernlassen der vier magischen Werkzeuge im Kreis, wobei jede Teilnehmerin bewusst von der Energie von Schwert, Stab, Kelch und Pentakel / Münze nimmt und es mit ihrer Energie gemischt im Kreis weiterreicht.

*Wie kann die Anrufung der vier Elemente geschehen?*

- Durch lautes Sprechen des Anrufungstextes in die entsprechende Himmelsrichtung (vor allem bei Gruppenritualen sinnvoll). Dabei empfiehlt es sich immer, eher einen kurzen Text zu wählen, der frei gesprochen werden kann. Die einfachste Anrufung besteht aus der Nennung des Elementes mit der entsprechenden Himmelsrichtung (z. B. »Ich rufe das Element Feuer aus dem Süden, komm in unseren Kreis!«)
- Durch stummes Sprechen (bei Einzelritualen oder in ungünstiger Umgebung).
- Durch stummes oder lautes Sprechen in die entsprechende Himmelsrichtung, wobei das entsprechende magische Werkzeug oder Symbol einladend emporgehoben wird.
- Durch Visualisation des magischen Werkzeuges oder eines Symbols des Elementes und leises, innerliches Sprechen der Anrufung in die jeweilige Himmelsrichtung (besonders gut bei improvisierten Ritualen in ungünstiger Umgebung).
- Bei einem Ritual an einem fremden Ort und ungenauer Kenntnis der Himmelsrichtung kann als Notbehelf (bei einem Ritual in einem Raum) einfach ein Element in jede Zimmerecke gerufen werden. Der Sonnenstand

gibt dabei nur grobe Anhaltspunkte für die Verteilung der vier Elemente.

- Durch das Errichten eines Altars für jedes der vier Elemente in den vier Himmelsrichtungen. Dieser »Altar« kann in seiner einfachsten Form auch aus einem farbigen Tuch bestehen, das zum jeweiligen Element passt, und ein, zwei Symbolen oder magischen Werkzeugen je Element, die vielleicht noch mit einer passenden Blüte oder Ranke versehen sind. So kann schon mit wenigen, schön hergerichteten vier Ecken für die vier Elemente eine sehr stimmungsvolle Wirkung erzeugt werden.

## Wunscherfüllung und aktive Magie

Viele Menschen beschäftigen sich mit Magie, um sich Wünsche zu erfüllen. Grundsätzlich bezieht sich magische Wunscherfüllung auf alle gängigen Themen des menschlichen Lebens, grob gesagt: Die einen wünschen sich Geld, die anderen Liebe oder Erfolg. Manche Themen sind so beliebt, dass manche Menschen mit Wicca grundsätzlich erst einmal Liebeszauber verbinden. Für mich ist Wicca jedoch in erster Linie eine Religion und nur in zweiter Linie mit Magie verbunden. – Vielen geht es aber auch um die kleinen Wünsche, z. B. eine Prüfung zu bestehen oder – wie in meinem Fall – der langjährige Wunsch, ein Buch zu schreiben.

Für mich ist es außerdem wichtig, dass ich parallel zum Wunschritual alles in meiner Macht stehende tue, um den

Wunsch auch Wirklichkeit werden zu lassen. Wenn ich also ein Wunschritual durchführe, um eine Prüfung zu bestehen, muss ich auch lernen für die Prüfung. Wenn ich ein Wunschritual für die Kraft der Liebe durchführe, muss ich parallel bei mir selbst schauen, was mich daran hindert, Liebe zu geben und zu empfangen. Vielleicht habe ich unbewusste Bindungsängste oder renne einem romantischen Idealbild von Liebe hinterher, das völlig unrealistisch ist. Wenn du viel Geld gewinnen willst, musst du wenigstens Lotto spielen und daher auch etwas Geld ausgeben. Oder du musst lernen, für deine Arbeit einen höheren Lohn zu fordern.

Daneben muss man aber auch klar unterscheiden zwischen einem Wunschritual und dem Wirken eines aktiven Zaubers. Der Unterschied ist für mich, dass es bei einem Wunschritual um das Steigern der Wunschkraft und dann ums Loslassen geht: Ich zwinge niemandem meinen Wunsch und Willen auf, sondern ordne mich der göttlichen Kraft unter. Auch wenn ich es mir noch so sehr wünsche, ich muss den Wunsch also erst einmal loslassen und die Erfüllung oder Verwandlung des Wunsches Göttin und Gott überlassen. Wenn du für dich ein Wunschritual durchführen willst, solltest du die Bilder, Düfte, Worte und Symbole nehmen, die die Wunschkraft in dir maximal anregen. Nur dann kann es für dich funktionieren. Mir würde es nichts helfen, eine geheimnisvolle Silbensprache oder Symbole zu verwenden, wenn ich nicht ausgebildet bin in dem dazugehörigen Sprach- oder Symbolsystem. Lasse außerdem die Vorstellung zu, dass die göttliche Kraft mit dir vielleicht etwas ganz anderes vorhat und dass es sein kann, dass du in ein paar Jahren sehr froh bist, wenn der Wunsch nicht in Erfüllung ging. Oder eben sehr dankbar, wenn es kam, wie du gewünscht hast ...

Beim aktiven Zauber geht es hingegen oft um den unreflektierten Wunsch, Menschen oder Ereignisse meinem Willen unterwerfen und manipulieren zu wollen. Menschen, die aktive Magie ausüben wollen, haben oft sehr konkrete Wünsche. Es geht ihnen nicht um mehr Liebe in ihrem Leben, sondern sie wollen eine konkrete Person mit der Macht der Magie an sich binden. Es geht ihnen auch nicht um eine andere Einstellung zum Geld, sondern sie wollen eine bestimmte Summe herbeizwingen usw.

Zusammenfassend kann man also sagen, dass in Wunschritualen mehr an der Einstellung zu Geld oder zur Liebe in unserem Leben gearbeitet und das Ergebnis offen gelassen wird. Wer aktive Magie wirkt, ist meiner Meinung nach oft versucht, der Welt, der Umgebung oder anderen Menschen seinen Willen aufzwingen oder sie manipulieren zu wollen. Aktive Magie wird (oft) ohne spirituelles Weltbild und ohne moralische Orientierung gewirkt. Der Hauptunterschied zwischen Wunschritualen und aktiver Magie liegt für mich daher nicht in der Formulierung, die im Ritual verwandt wird, sondern in der Geisteshaltung.

Ich persönlich arbeite, wie schon ganz oben beschrieben, meistens nur mit Gebet und Wunschritualen ... Dabei versuche ich, durch ein zum Thema passendes Öl, eine Kerzenfarbe oder einen astrologisch passenden Tag, alles zu tun, um meine persönliche Kraft des Wünschens anzuregen und zu verstärken. Dann gehört zu meiner magischen Kraft und Arbeit unabdingbar der Akt des Loslassens. Damit meine ich nicht nur, Kraft auszusenden, sondern auch auf einer sehr tiefen Ebene bereit zu sein, meinen Wunsch loszulassen und dem höheren Willen zu überlassen. Das symbolisiere ich im Ritual evtl. indem ich einen Wunschzettel mache und ihn anschließend verbrenne oder ihn aufs Meer hinausschicke oder unter einen Stein nahe am Bach lege, wo er sich irgendwann auflöst und weggespült wird. Da ich bereit bin, meine

Wünsche loszulassen, können sie auch bei mir und anderen Personen weniger Schaden anrichten, wenn es sich später als fehlgeleiteter Wunsch herausstellen sollte.

Mir sind in meinem Leben mit dieser Vorgehensweise viele Wünsche erfüllt worden, wenn auch sicherlich nicht alle. Bei manchen dauerte es sehr lange, bis die Wunscherfüllung eintrat, bei manchen war ich hinterher außerordentlich froh, dass sie sich nicht erfüllt haben, bei manchen war ich traurig.

## Entsprechungslisten

Hier habe ich mich bemüht, meine eigenen Entsprechungslisten zu sechs wichtigen Themengebieten festzuhalten. Grundsätzlich gilt wie bei all solchen Listen: Es handelt sich um die Entsprechungen, mit denen ich persönlich am liebsten arbeite, die auf meiner eigenen Symbolik und den von mir verwendeten bzw. von mir bevorzugten esoterischen Systemen beruhen. Daher gibt es in meiner magischen Praxis viele Bezüge zur Astrologie und zum griechisch-römischen Mythologiekreis, aber keine Entsprechungen zu Runen oder zum germanischen Kulturkreis. Außerdem setze ich die Entsprechungen ausschließlich in Wunschritualen ein, nicht zum »Zaubern«.

Die verwendeten Symbole, Farben und Objekte regen vor allem Kräfte in der Person an, die das Ritual durchführt. Wenn sie dir nicht stimmig erscheinen, ist es unbedingt sinnvoll, sie durch deine eigenen Symbole zu ersetzen. Ebenso ist es nicht sinnvoll, Räucherwerk zu verwenden, das du nicht magst, oder Gottheiten anzurufen, zu denen du keinen Bezug hast. Alle Anregungen für Wunschrituale beruhen bei mir auf dem Grundsatz, in dir Kräfte zu stärken oder das Loslassen zu unterstützen sowie göttliche Kräfte um Unterstützung zu bitten. Sie erzwingen nichts und bezwingen niemanden und werden wahrscheinlich auch keine wundersamen Lösungen oder Heilungen bewirken. Dennoch können sie deine Einstellung verändern, dich neue Möglichkeiten sehen lassen und dich ermutigen, selbst eine Lösung zu suchen. Wunschrituale für eine andere Person durchführen zu wollen, bringt allerdings meist keinen guten Erfolg.

*Ritualthema: Liebe*

*Mögliche Unterthemen:* Liebeskummer loslassen, mehr Liebe in meinem Leben zulassen, Liebe ersehnen (kein Liebeszauber, der Liebe erzwingen soll!)

*Kerzenfarbe:* rot bis rosa, bei Trennung und Liebeskummer rot und schwarz

*Ätherisches Öl oder Räucherwerk:* Rosenblüten, Rosenöl, bei Liebeskummer eine Kombination aus Rose und Lavendel

*Rituelle Symbole:* Herzen, Kelch (für Gefühle), Photo der geliebten Person

*Astrologische Wirkkräfte / Mondkalender:* Venus, Mond in Waage (geistige Liebe), Mond in Stier (sinnlich-erotische Liebe)

*Gottheiten:* Venus, Aphrodite, Juno, Hera (eheliche Liebe)

*Anbindung an ein Jahreskreisfest:* sinnlich-erotische Liebe an Walpurgis, treue Liebe, Ehe, mütterliche Liebe an Sommersonnenwende, Liebeskummer und Trennung an

Schnitterin, das Helle und Dunkle in einer Liebe sehen an den Tag-und-Nacht-Gleichen

*Edelstein:* Rosenquarz

*Ritualthema: Trauer*

*Mögliche Unterthemen:* Trauer loslassen, Trauer zulassen

*Kerzenfarbe:* schwarz, zum Loslassen eher mit blau kombiniert, bei Trauer um Liebesbeziehung eher schwarz-rot

*Ätherisches Öl oder Räucherwerk:* Tröstlich bei Trauer ist Lavendel, erdend ist Zeder oder andere Nadelhölzer, Salbei wirkt reinigend.

*Rituelle Symbole:* Kelch, leerer Kelch, umgestoßener Kelch, zerbrochener Kelch, Photo der betrauerten Person oder Lied, das dazu passt, schwarze Bänder

*Astrologische Wirkkräfte / Mondkalender:* Trauergefühle zulassen (Mond in Krebs), Trauer um Verstorbene (Mond in Skorpion)

*Gottheiten:* Hekate, Hades, Pluto, Frau Holle (bei Trauer um Verstorbene), Ceres / Demeter (bei Trauer um die Loslösung von Kindern)

*Anbindung an ein Jahreskreisfest:* Halloween (bei Trauer um die Verstorbenen), Schnitterin (bei Trauer um Beziehungen)

*Edelstein:* Schneeflockenobsidian

*Ritualthema: Geld*

*Mögliche Unterthemen:* Geld loslassen können oder eine andere Beziehung zu Geld bekommen; neue Möglichkeiten sehen, Geld zu verdienen

*Kerzenfarbe*: in Amerika immer grün (wegen der Farbe der Dollarnoten), sonst die Farbe des Geldscheines oder der Münzen, mit denen du arbeiten willst ...

*Ätherisches Öl oder Räucherwerk:* Ich bevorzuge irdisch-sinnliche Noten wie z. B. Zedernöl mit Patchouli und Sandelholz kombiniert

*Rituelle Symbole:* Pentakel, Geldschein (bei »Geld loslassen müssen« wirklich einmal symbolisch einen kleinen Geldschein im Ritual zerreißen!), Münzen, alles, was kostbar ist und funkelt, also evtl. auch Edelsteine oder Goldschnüre

*Astrologische Wirkkräfte / Mondkalender:* Mond in Stier (zunehmend bei Einstellung zu Geld verbessern, abnehmend bei Geld loslassen)

*Gottheiten:* Pluto (regiert über die physische Ebene), Hephaistos (göttlicher Schmied), Merkur / Hermes (Gott der Händler und Diebe!)

*Anbindung an ein Jahreskreisfest:* Herbst-Tag-und-Nacht-Gleiche (Thema Ernte und Ausgleich), Schnitterin (bei Geldverlust durch Ehe oder Liebesbeziehung)

*Edelstein / Steine:* Magneten (eigentlich um Geld anzuziehen), metallisch wirkende Steine und Erze wie Pyrit oder Hämatit

*Ritualthema: Krankheit*

*Mögliche Unterthemen:* Krankheit loslassen, Genesung beschleunigen, Selbstheilungskräfte fördern, mit der Krankheit leben lernen

*Kerzenfarben:* blau und grün

*Ätherisches Öl oder Räucherwerk:* reinigende Düfte wie Rosmarin, Eisenkraut, Lavendel, Salbei

*Rituelle Symbole:* Ein Objekt, das mit deiner Krankheit zu tun hat oder hatte; eine Kopie eines Arztberichts, Attestes oder Rezepts; ein Verband; ein Stückchen von dem Gips, der dir abgenommen wurde oder die Nägel, die wieder entfernt wurden; der Zahn, der gezogen wurde usw. (Es kostet evtl. etwas Mut und Überwindung, die behandelnden Ärzte um diese Objekte zu bitten, aber sie werden gar nicht so selten darum gebeten, wie ihr vielleicht denkt ...)

*Astrologische Wirkkräfte / Mondkalender:* Mond in Jungfrau, Merkur in Jungfrau

*Gottheiten:* Vesta, Chiron, Apollo

*Anbindung an ein Jahreskreisfest:* Herbst-Tag-und-Nacht-Gleiche (Ernte, Beginn der dunklen Zeit), Lichtmess (um eine Vision bitten), an Halloween (mit der Angst vor dem Tod auseinander setzen – dabei musst du gut begleitet sein!)

Edelsteinanwendung variiert je nach Krankheit und Körperteil.

### *Ritualthema: Freundschaft*

*Mögliche Unterthemen:* neue Leute kennen lernen wollen, Gleichgesinnte treffen, für Freundschaften offener werden, Freundschaften verbessern oder Freundschaften loslassen

*Kerzenfarbe:* orange oder rosa

*Ätherisches Öl oder Räucherwerk:* Orangenöl, evtl. bei sehr liebevollen Freundschaften auch Rose, beim Loslassen und Trauer um eine Freundschaft wieder mit Lavendel kombinieren

*Rituelle Symbole:* orange-rosa Bänder (»Band der Freunschaft«), evtl. ein Photo deiner Freundin / Freunde oder ein Photo von dir aus einer Zeit, als du viele Freundschaften hattest

*Astrologische Wirkkräfte / Mondkalender:* für Geselligkeit allgemein Mond in Zwillingen

*Gottheiten:* als gesellige Gottheiten empfinde ich Merkur / Hermes oder auch Bacchus / Dionysos

*Anbindung an ein Jahreskreisfest:* Frühlings-Tag-und-Nacht-Gleiche (Neuanfang von Freundschaften), Herbst-Tag-und-Nacht-Gleiche (Licht und Schatten in Freundschaften), Schnitterin (Trennung in Freundschaften)

*Edelstein:* Tigerauge, evtl. auch Rosenquarz

*Ritualthema: Wissen*

*Mögliche Unterthemen:* sich Wissen aneignen wollen, Unterstützung beim Lernen, Konzentration und Erinnerungsvermögen beim Lernen fördern

*Kerzenfarbe:* gelb

*Ätherisches Öl oder Räucherwerk:* sehr konzentrationsfördernd ist eine Mischung aus Zitronenöl mit einem Tropfen Rosmarinöl

*Rituelle Symbole:* das entsprechende Buch oder die Bücher, evtl. eine Kopie vom letzten Zeugnis, ein Schein von einer Prüfung

*Astrologische Wirkkräfte / Mondkalender:* Mond in Zwillingen oder im Wassermann (gut zum Lesen!)

*Gottheiten:* Hermes / Merkur, Athene / Minerva (Herrin der Künste), Sophia (für Weisheit allgemein)

*Anbindung an ein Jahreskreisfest:* sich an Lichtmess in der Meditation öffnen für das neue Wissen, das du dir in diesem Jahr aneignen willst

*Edelstein:* Citrin, Aquamarin, Bergkristall

Mit diesem Grundschema kannst du deine eigenen Ideen weiter sammeln:

Ritualthema

Mögliche Unterthemen

Kerzenfarbe

Ätherisches Öl oder Räucherwerk

Rituelle Symbole

Astrologische Wirkkräfte / Mondkalender

Gottheiten

Anbindung an ein Jahreskreisfest

Edelstein

## Der Unterschied zwischen kleinen magischen Handlungen und Ritualen

Ich unterscheide zwischen kleineren magischen Handlungen im Alltag und Ritualen. Eine kleinere magische Handlung kann eine kleine Andacht sein oder eine Räucherung. Ich kann im Alltag z. B. einen Schutzkreis ziehen, wenn ich mich im Streit von jemandem besser abgrenzen möchte. Oder ich visualisiere ein Pentagramm, wenn ich in Urlaub fahre und die Wohnungstür zusätzlich schützen möchte. Eine häufige spirituelle Handlung im Alltag ist ein Tischgebet oder das Anzünden einer Kerze beim Essen. So kann ich auch die Würdigung der täglichen Nahrung und meine Dankbarkeit für das Essen ausdrücken. Ebenso häufig formuliere ich ein kurzes Stoßgebet in einer Stresssituation, lasse dann aber wieder los und kann mich besser entspannen.

Ein kleines, vollständiges Ritual muss auch nicht sehr aufwändig sein, es dauert bei mir aber mindestens eine halbe Stunde, meist etwas länger. Ein Ritual kennzeichnet für mich, dass durch die rituelle Rahmenhandlung ein besonderer Raum geschaffen wird. Es schafft einen geschützten Raum und eine erhöhte Aufmerksamkeit für die magische Handlung im Kern des Rituals.

Je nach Naturell brauchst du unterschiedlich lange, um in eine meditative oder spirituell angeregte Stimmung zu kommen. Unter Umständen reicht es dir, wenn du die Kerzen auf deinem Hausaltar anzündest und ein wenig Räucherwerk verbrennst. Vielleicht hilft es dir, wenn du einen vollen rituellen Rahmen um deine magische Handlung aufbaust. Probiere aus, wie viel Rahmen du brauchst, um einen guten Übergang von der Alltagsstimmung in eine spirituell angeregte Verfassung zu finden. Auf alle Fälle solltest du aber zu deiner Sicherheit bei magischen Handlungen immer einen Schutzkreis um dich ziehen.

Der Übergang am Ende wieder zurück in die Alltagswirklichkeit kann schneller gehen. Denn es ist immer schwerer, einen magischen Raum zu errichten als ihn wieder aufzulösen. Dion Fortune vertritt die Meinung, dass sich jeder Schutzkreis nach einem Wechsel von Tag zu Nacht zu Tag, also in 24 Stunden, wieder der Umgebung angleicht und in der Wirkung nachlässt. Wenn du jedoch ein intensives

Tranceerlebnis oder ein sehr beeindruckendes Orakel hattest, dann nimm dir für das Zurückkommen genauso viel Zeit wie für den Einstieg.

In meinen Büchern und auf meiner Homepage findest du einige Beispiele für kleinere Rituale, die etwa 30 bis 60 Minuten dauern. Wenn du beginnst, alleine oder mit Freunden Rituale durchzuführen, wirst du ein Gefühl dafür bekommen, wie lange du brauchst. Wenn du im Kreis von Freunden Rituale feierst, kommen allerdings noch einige Störfaktoren hinzu: Ihr müsst beispielsweise gemeinsam den Absprung schaffen von eurem Alltagsgespräch zu einer gemeinsamen meditativen Stimmung. Das kann gut gehen, wenn ihr euch am Anfang noch einmal kurz erlaubt, dass jede und jeder erzählt, wie der Tag heute war. Ein bisschen Krach machen, also rasseln, den Gong schlagen oder trommeln und stampfen reinigt ebenfalls hervorragend und kann dir auch helfen, die Alltagsgedanken loszulassen. Wenn du öfter ein bestimmtes Räucherwerk benutzt, kann der spezielle Geruch für dich auch zu einem guten Auslöser meditativer Stimmung werden.

Versuche ein Gefühl dafür zu bekommen, wann die Konzentration nachlässt. Eventuell könnt ihr dann eine Schweigeminute einlegen, etwas räuchern oder noch einmal ein Lied singen, um die Konzentration wieder zu erhöhen. Behalte ein Gefühl dafür, wann ihr anfangt, euch nicht mehr nur konzentriert auszutauschen, sondern wann ein Schwätzen und Schnattern einsetzt. Sammelt euch dann bewusst und löst die rituelle Rahmenhandlung wieder auf, bevor die Konzentration ganz nachlässt. Nehmt euch dann bei einem Essen Zeit, euch lockerer und gesellig zu unterhalten, damit sich die Anspannung wieder legen kann und der gesellige Teil eines Treffens nicht zu kurz kommt.

Bei einem Gruppenritual sollte die Person, die die Regie hat, ein Gefühl für das Energieniveau behalten und eventuell ein Durcheinanderquasseln stoppen. Das tritt oft auf, wenn einige Personen noch magisch arbeiten und andere bereits fertig sind. Die magische Arbeit kann ja u. a. in der Anfertigung einer Kerze, eines Bildes, eines Schutzamuletts oder eines Kräutersträußes bestehen. Dabei hat aber jede ein anderes Arbeitstempo. Hier ist es wichtig, dass diejenigen, die ein schnelleres Tempo haben, mit Schweigen Respekt vor den anderen Teilnehmern zeigen und ihnen noch Zeit geben, konzentriert fertig zu arbeiten.

Für die meisten Menschen ist es leichter, sich erst einmal nur für 30 Minuten rituell zu konzentrieren und diese Zeit langsam zu steigern. Nehmt euch daher für die ersten Covenrituale nicht zu viel Programm vor.

Ich liebe es sehr, hin und wieder mal an einem Ritual mit erfahrenen Personen teilzunehmen, die eine rituelle Konzentration auch über 2 bis 3 Stunden aufrecht erhalten können, denn bei einem längeren Ritual ist eine tiefere Trance oder eine tiefere Auseinandersetzung mit einem magischen Thema möglich. Aber dazu brauchst du ein gewisses Training und eine erfahrene Person, die das Ritual durchführt.

Im Folgenden stelle ich dir einige Rituale vor, die in den magischen Alltag passen können. Sie haben entweder persönliche Anlässe oder sie helfen dir, deine Alltagsfähigkeiten zu unterstützen.

Mondrituale sind beispielsweise solche regelmäßig wiederkehrende Rituale im Alltag. Die Weihung eines magischen Amuletts kommt im Junghexenalltag auch immer wieder einmal vor, und zum Schluss des Kapitels will ich euch noch ein paar Tipps geben, wie du alleine oder mit Freunden selbst ein Ritual vorbereiten kannst und welche unterschiedlichen

Gestaltungsmöglichkeiten es für die rituelle Rahmenhandlung gibt.

Fragen zum Nachsinnen:

Welche Rituale und welche kleinen magischen Handlungen gibt es in deinem Alltag?

Kennst du kurze Rituale, oder hast du auch schon mal ein längeres Ritual erlebt?

Wie lange brauchst du für den Übergang von der Alltagsstimmung in eine Ritualstimmung?

Was hilft dir dabei?

## Ritual für leichteres Lernen

Mit diesem Ritual kannst du deine Kräfte fürs Lernen erweitern und erleichtern. Es ist aber wichtig, dass du das Ritual nur zur Unterstützung anwendest – und trotzdem auch lernst danach. Es ist also kein Zauberritual für bessere Noten, das du einfach nur durchführen musst und dich dann auf die faule Haut legen kannst ...

*Vorbereitungen*

Wenn dir das Lernen schwer fällt, ist es ja oft ein bestimmtes Fach, das besondere Probleme bereitet. Daher nimmst du für das Ritual am besten ein Buch dieses Faches, das du vor dich hinlegst. Auf deinem Schreibtisch bereitest du einen kleinen Altar. Als Ritualfarbe würde ich Gelb für die Göttin der Weisheit oder einfach Weiß vorschlagen. Du breitest dann auf deinen Schreibtisch zusätzlich noch eine gelbe Serviette oder ein weißes Tuch aus. In die Mitte legst du das Buch oder die Bücher von dem Fach oder den Fächern, um die es geht. Rund um das Buch baust du einen kleinen Altar mit Symbolen für die vier Elemente auf, also z. B. eine weiße Feder für das Element Luft im Osten, eine weiße oder gelbe Kerze im Süden für das Element Feuer, einen weißen Kristall oder Stein für das Element Erde im Norden und einen Kelch, eine weiße Muschel oder ein Glas Wasser für das Element Wasser im Westen. Wenn du das Ritual mit einem Duft unterstützen willst, würde ich eine Mischung aus Rosmarin, Zitrone und Limette vorschlagen (z. B. 3 Tropfen Rosmarin und je 1 Tropfen Zitrone und/oder Limette). Du kannst aber natürlich auch jeden dieser Düfte einzeln verwenden, denn sie alle erhöhen die Konzentration und unterstützen das Gedächtnis. Gib etwas Duftöl in die Aromalampe, oder reibe die Kerze damit ein. Durch den Duft kannst du eine weitere Verbindung zwischen Ritual und Lernen schaffen, indem du diesen speziellen Duft später auch beim Lernen immer wieder in die Aromalampe gibst. – Alternativ zu Aromaölen kannst du auch Rosmarinzweige auf etwas Räucherkohle verglimmen lassen.

Als Götter oder Göttinnen, die du in diesem Ritual anrufen kannst, kommen z. B. Merkur, Athene oder Sophia in Frage. Sie alle haben mit Weisheit und Wissen zu tun. Astrologisch hilfreich ist es, wenn du einen Mondkalender hast und das Ritual an einem Tag mit dem Mond in einem Luftzeichen (Zwillinge, Waage oder Wassermann) durchführst, am besten bei zunehmendem Mond. Dann unterstützt die Mondenergie dein Ritual noch zusätzlich, da das Element Luft u. a. für den Bereich von Verstand und Geist steht.

Wenn du noch unsicher in der Ritualdurchführung bist, lege dir diese Ritualbeschreibung ausgedruckt neben den Altar oder mache dir einen Stichwortzettel mit den wichtigsten Schritten. Sorge dafür, dass du etwa 30 Minuten ungestört sein kannst.

*Der Ritualablauf*

Wenn du den Duft benutzt hast, rieche ihn bewusst und räuchere ein wenig. Das Räuchern reinigt auch die Atmosphäre. Zünde dann die Kerze an. Betrachte eine Weile deine Dekoration, und stimme dich auf das Thema ein. Setze dich nun vor den Schreibtisch mit dem kleinen Altar aufrecht auf einen Stuhl. Du spürst dann bewusst in deine Füße hinein, erdest dich so und dankst Mutter Erde, dass sie dich trägt. Dann schließe die Augen und visualisiere einen Schutzkreis, indem du hinter dir zunächst ein leuchtend gelbes Licht in deiner Vorstellung aufbaust. Dann ziehe mit dem Licht in deiner Vorstellung einen Kreis um dich, den Stuhl und den Schreibtisch. Mache dir klar, dass der Kreis dich, dein Ritual und dein Lernen schützen soll. Sprich innerlich: »Der Kreis ist geschlossen, mein Ritual und mein Lernen ist geschützt.«

Dann kannst du die Augen öffnen und die vier Elemente rufen, z. B. mit den folgenden Worten (wobei du dich jeweils leicht in die entsprechende Himmelsrichtung wenden kannst):

> »Ich rufe das Element Luft aus dem Osten. Sende meinem Verstand Frische und meinem Geist Kraft. Ich lade dich ein auf meinen Schreibtisch.

Ich rufe das Element Feuer aus dem Süden. Erwecke in mir eine verzehrende Sehnsucht nach Wissen, lass mich brennen darauf, mehr zu lernen. Ich lade dich ein auf meinen Schreibtisch.

Ich rufe das Element Wasser aus dem Westen. Erhelle meine Gefühle, tröste meine Enttäuschung über die schlechten Noten und löse meine Widerstände gegen das Lernen. Ich lade dich ein auf meinen Schreibtisch.

Ich rufe das Element Erde aus dem Norden. Gib mir Ausdauer, Geduld und Beständigkeit. Festige meine Konzentration. Ich lade dich ein auf meinen Schreibtisch.«

Dann solltest du dir noch einmal bewusst das Buch oder die Bücher ansehen und eines nach dem anderen aufschlagen. Lies einen ganz kurzen Abschnitt. Schließe dann wieder die Augen, und stelle dir vor, wie das Buch mit gelber Energie erfüllt ist, weil es mit Wissen und Weisheit gefüllt ist. Dann stelle dir vor, wie sich die Buchstaben, Zahlen oder Formeln in diesem gelben Licht lösen. Lasse jetzt in deiner Vorstellung von dem gelben Licht einen Strahl ausgehen, der mit Buchstaben und Zahlen erfüllt ist und der auf dich und deinen Kopf ausstrahlt. Stelle dir vor, wie sich der Inhalt dieses Buches mit dem gelben Licht auf deinen Kopf ergießt und wie dein Kopf dieses Wissen leicht und mühelos aufnimmt.

Halte diese fließende Vorstellung möglichst lange aufrecht. Du kannst dabei innerlich sprechen: »Ich werde offen für das Wissen dieses Buches. Ich öffne mich dem Lernen. Meine Blockaden und Widerstände gegen das Lernen lösen sich auf.«

Wenn du willst, kannst du dann die Augen öffnen und einige der Göttinnen oder Götter anrufen:

»Eulenäugige Athene, Herrscherin der Weisheit, leichtfüßiger, listenreicher Merkur, helft mir beim Lesen und Lernen. Gebt mir Ausdauer im Lernen. Löst meine Blockaden gegen das Lernen, und macht sie mir bewusst. Lasst mich erkennen, wo ich Hilfe erhalten und bekommen kann. Nehmt mir die Angst vor schlechten Noten. Gebt mir Vertrauen in meine geistigen Kräfte.«

Wenn du dein Gebet gesprochen hast, danke den Göttern und den vier Elementen für ihre Aufmerksamkeit. Verabschiede die vier Elemente dann in umgekehrter Reihenfolge, z. B. indem du sagst:

»Ich danke dir, Element Erde, für dein Geschenk der Ausdauer und verabschiede dich.

Ich danke dir, Element Wasser, für meine gelösten Gefühle und verabschiede dich.

Ich danke dir, Element Feuer, für deine Tatkraft und verabschiede dich.

Ich danke dir, Element Luft, für die Kraft des Geistes und verabschiede dich.«

Dann löst du den Schutzkreis auf, indem du noch einmal kurz den gelben Kreis visualisierst und dir innerlich vorstellst, wie er sich in zarten puderigen Blütenstaub auflöst, der sich wohlduftend und erhellend in deinem Zimmer verteilt.

Betrachte noch einen Moment deinen kleinen Altar auf dem Schreibtisch, dann lösche die Kerze. Löse dich aus der besinnlichen Stimmung.

*Nachbereitung*

Oft ist es nicht möglich, aus einer so feierlich-rituellen oder besinnlichen Stimmung gleich zum Lernen übergehen. Lasse dann das Ritual einfach auf dich wirken. Du kannst aber, wie schon gesagt, die Düfte als Hilfe beim Lernen einsetzen. Auch das Bild von dem goldgelben Strahl voller Weisheit, der vom Buch auf dich überfließt, kannst du ruhig häufiger aktivieren und kurz vorm Lernen wiederholen.

Wenn du parallel wirklich lernst und dir z. B. Hilfe oder Nachhilfe da holst, wo du alleine nicht weiterkommst, wird das Ritual dich gut unterstützen können.

## Ein Amulett weihen

Viele Junghexen tragen ein Amulett. Das kann ein Pentagramm sein, aber auch ein anderes Symbol oder ein Halbedelstein. Wenn du so ein Amulett gekauft hast, hast du vielleicht das Bedürfnis, es zu reinigen und zu weihen, denn im Handel und in der Herstellung ist das Amulett durch viele Hände gegangen und hat daher natürlich auch die Energien anderer Menschen aufgenommen.

Wie du dein Amulett reinigen und weihen sollst, hängt ein bisschen davon ab, warum oder wozu du es tragen willst. Nach der Reinigung wird das Amulett einem bestimmten Zweck geweiht und mit Energie aufgeladen. Du kannst daher die Vorschläge hier gerne abwandeln oder erweitern, wie es dir stimmig erscheint. Wenn du es für sinnvoll hältst, kannst du die Reinigung und das Aufladen auch in regelmäßigen Abständen wiederholen.

Die Reinigung deines Amulett hängt zudem auch etwas vom Material ab. Die einfachste Art, ein Amulett zu reinigen, ist, es unter fließendes Wasser zu halten. Das geht aber nur, wenn dein Amulett aus Metall oder Edelstein ist. Da nicht jede von uns einen plätschernden Bach vor der Haustür hat, kannst du ruhig das fließende Wasser aus dem Wasserhahn nehmen. Ist dein Amulett aber aus Leder, oder enthält es Federn, dann würde ihm Wasser schaden. Hier kannst du es zur Reinigung über Rauch halten, z. B. über Salbeirauch, der reinigend wirkt. Die Wahl der Methode kann schließlich auch noch vom Bezug zum Element abhängen. Ein Reinigen mit Wasser stärkt die Kräfte der Intuition, der Gefühle und der Spiritualität, während die Reinigung mit Rauch eher für das Element Luft steht, also für die Welt des Geistes, des Verstandes und der Ideen.

Zum Aufladen mit Energie bevorzugen viele Menschen Sonnenenergie. Du kannst das Amulett also eine Zeit lang in die Sonne legen, es dabei beobachten und einen Schutzkreis um dich und das Amulett ziehen. Da in unseren Breitengraden die Sonne aber nun einmal nicht immer scheint, brauchst du auch andere Möglichkeiten.

So kannst du das Amulett genauso gut mit Feuerenergie aufladen, indem du es über eine Flamme hältst und visualisierst, wie die Flamme sich ausdehnt und Feuer auf das Amulett abstrahlt.

Du kannst das Amulett auch mit Erdenergie aufladen. Dazu gibt es die Empfehlung, es in ein Tuch einzuschlagen und an einer sicheren Stelle im Garten oder wahlweise in einem großen Blumentopf einzugraben und es dort ein paar Tage lang liegen zu lassen.

Eine andere Möglichkeit, ein Amulett mit Energie aufzuladen, ist es, das Amulett bei einem Gruppenritual in der Mitte liegen zu lassen. Frage aber vorher die anderen Teilnehmerinnen, ob es ihnen recht ist. Das Thema des Rituals oder des Jahreskreisfestes sollte zu dem Anliegen passen, dass du mit dem Amulett verbindest. Du kannst so an Sommersonnenwende ein Amulett mit Sonnenenergie oder Liebesenergie aufladen. An Schnitterin kannst du ein Amulett aufladen mit der Kraft, die du für eine Trennung brauchst. Bei einem Vollmondritual bekommt das Amulett dagegen die Energie des Mondes und so weiter. Dadurch, dass die anderen mit dir diese Mitte feiern, ehren, umtanzen und stärken, wird auch dein Amulett gestärkt.

Wenn du das Amulett einer Gottheit weihen willst oder es eine Überzeugung von dir ausdrücken soll, dann kannst du im Ritual die entsprechenden Anrufungen aussprechen und die Gottheit um ihre Unterstützung bitten. Oder du kannst deine Überzeugung vor dir, vor der Göttin oder vor Zeugen aussprechen.

Eine sehr einfache Form schließlich, das Amulett mit deiner eigenen Energie aufzuladen, ist, das Amulett immer wieder so lange in deine Hand zu nehmen, bis es ganz warm wird. Du kannst es auch auf dein Sonnengeflecht legen, also auf das unbewusste Nervengeflecht, das um den Bauchnabel herum deine Bauchoberseite durchzieht. Du kannst es auf deinen Oberbauch legen und eine goldene Sonne an dieser Stelle visualisieren. Dabei lädst du das Amulett mit deiner persönlichen Kraft auf.

Im Folgenden findest du drei unterschiedliche Beispiele für das Reinigen, Weihen und Aufladen eines Amuletts. – Vielleicht fragst du dich, woran du merkst, ob das Amulett aufgeladen ist? Grundsätzlich solltest du solch eine Aufladung häufiger wiederholen. Das hängt mit deiner Erfahrung im Umgang mit Energiearbeit ab. Du merkst ja auch bei dir selbst, ob du gerade viel Energie hast, oder ob du schlapp, lustlos und leer bist. Genauso kannst du ein Gefühl dafür entwickeln, ob ein Objekt energiegeladen ist oder nicht. Jede spürt das anders. Die eine, die feinfühlig genug ist, kann es am Gegenstand selbst spüren. Manche spüren es an einer Wärme oder einem ganz leichten Vibrieren in den Fingerspitzen, wenn sie den Gegenstand berühren.

Fragen zum Nachsinnen:

Trägst du ein Amulett?

Hast du es gereinigt vor der Benutzung?

Welches Element und welche Kraft verbindest du mit dem Amulett?

*Die Weihe eines Pentagramm-Amuletts als Symbol für die Wicca-Religion*

Du reinigst dich und das Amulett vorher, indem du duschst und auch das Amulett lange unter fließendes Wasser hältst.

Dann solltest du dafür sorgen, dass du eine Weile ungestört sein kannst. Richte deinen Hausaltar und dein Amulett her. Falls du Göttin und Gott ehren willst, brauchst du Symbole für den Gott und die Göttin, das können Sonne und Mond sein oder eine rote und eine grüne Kerze. Wenn du dich mehr der Göttin verbunden fühlst, reicht auch ein Mondsymbol, ein Bild der Göttin oder eine silberne Kerze. Lege etwas Räucherwerk auf, entzünde die Kerzen.

Ziehe nun einen Schutzkreis um dich, indem du zuerst eine Kugel aus Licht hinter dir visualisierst, dann daraus eine Lichtschlange wachsen lässt und diese in einem Kreis um dich und den Altar herumziehst. Während du dich jeweils in die entsprechende Richtung drehst, kannst du nun die vier Elemente mit den folgenden Worten anrufen:

> »Ich rufe das Element Luft aus dem Osten. Lass mich meine Worte weise wählen, gib mir klare Ideen, komm in meinen Kreis.
>
> Ich rufe das Element Feuer aus dem Süden. Gib mir Kraft und Leidenschaft für die Magie, komm in meinen Kreis.
>
> Ich rufe das Element Wasser aus dem Westen. Öffne mich für meine Gefühle und für die spirituelle Suche, komm in meinen Kreis.
>
> Ich rufe das Element Erde aus dem Norden. Lass mich festen Boden unter den Füßen spüren, lass mich ein Kind der Erde sein. Komm in meinen Kreis.«

Dann sprich ein paar Worte (innerlich oder laut, wie du willst) zum Anlass des Rituals. Das könnte beispielsweise Folgendes sein:

> »Ich stehe heute vor meinem Altar, um dieses Amulett zu weihen. Es soll mich schützen und mein

Bekenntnis zur Wicca-Religion auszudrücken. Ich will, wenn ich es trage, erkennbar sein für Gleichgesinnte, und will meine magische Kraft bewusst nutzen.«

Halte das Amulett anschließend zunächst in sicherem Abstand über die rote (oder silberne) Kerze und sprich:

»Große Göttin des Lebens, Jungfrau, Mutter und weise Alte, nimm meinen Wunsch an, dir zu dienen, und stärke dieses Amulett, damit es mich schützt, meinen Glauben ausdrückt und mir hilft, Gleichgesinnte zu finden.«

Dann stelle dir vor, wie die Flamme vor deinem inneren Auge wieder größer und größer wird und das Amulett mit Wärme und Feuerenergie umhüllt. Wenn es dir aufgeladen erscheint, danke der Göttin für ihre Gegenwart und Unterstützung.

Halte das Amulett dann in sicherem Abstand über die grüne Kerze und sprich:

»Grüner Herr der Wälder, junger Gott, liebender Mann und alter Weiser, nimm meinen Wunsch an, dir zu dienen, und stärke dieses Amulett, damit es mich schützt, meinen Glauben ausdrückt und mir hilft, Gleichgesinnte zu finden.«

Dann stelle dir vor, wie die Flamme vor deinem inneren Auge größer und größer wird und das Amulett mit Wärme und Feuerenergie umhüllt. Wenn es dir aufgeladen erscheint, danke dem Gott für seine Gegenwart und Unterstützung.

Räuchere noch ein wenig und genieße die meditative Stimmung, löse dann den rituellen Rahmen wieder auf. Danke den Elementen in umgekehrter Reihenfolge und verabschiede sie, dann löse den Schutzkreis wieder auf, indem du die weiße Lichtschlange wieder einrollst wie ein Wollknäuel. Erde dich, indem du dich etwas bewegst, ein bisschen aufstampfst oder eine Kleinigkeit isst. Überlege, wann du das Amulett offen sichtbar tragen willst.

*Weihe eines Amuletts für eine mündliche Prüfung*

Als Amulett für eine mündliche Prüfung eignen sich Halbedelsteine, die das Kehlkopfchakra stärken. Das kann ein Türkis oder ein Aquamarin sein. Wenn ein Amulett ein Chakra stärken soll, dann sollte die Kette so bemessen sein, dass der Stein auch in der Höhe des Chakras hängt, also in diesem Falle eine recht kurze Kette. Als Räucherwerk eignet sich hier Salbei, was ja auch bei Halsschmerzen ein sehr heilsames Kraut ist.

Sorge dafür, dass du eine Weile ungestört sein kannst. Richte den Altar in hellblauen Farben, mit einer hellblauen Kerze oder einem hellblauen Tuch. Stelle ferner Salbeiöl für die Duftlampe bereit oder getrocknete Salbeiblätter und eine Kohletablette für die Räucherschale. Wenn du das Amulett für eine bestimmte Prüfung weihen willst, kannst du auch ein Buch des Faches mit auf den Altartisch legen.

Entzünde nun die Kerze und das Räucherwerk. Halte das Amulett eine Zeit lang in den reinigenden und stärkenden Duft. Stelle dir vor, wie sich mit dem Rauch auch deine Ängste vor der Prüfung zum Himmel hin auflösen. Ziehe dann einen Schutzkreis um dich, indem du wieder einen weißen Lichtkreis visualisierst. Dann rufe die vier Elemente mit den folgenden Worten:

»Ich rufe das Element Luft aus dem Osten. Komm in meinen Kreis, schärfe meinen Verstand für die Prüfung.

> Ich rufe das Element Feuer aus dem Süden. Komm in meinen Kreis, lehre mich, mit dem lodernden Feuer der Aufregung umzugehen. Spende mir Mut.
>
> Ich rufe das Element Wasser aus dem Westen. Stärke meine Gefühle und mein Selbstvertrauen in der Prüfung. Komm in meinen Kreis.
>
> Ich rufe das Element Erde aus dem Norden. Lass mich gut geerdet bleiben, gib mir Ausdauer und Beständigkeit zum Lernen. Komm in meinen Kreis.«

Wenn du willst, kannst du nun eine Göttin um Beistand bitten, die für dich für das Wissen und Lernen steht, vielleicht Athene oder Sophia.

Dann halte das Amulett in sicherem Abstand über die blaue Kerze. Während du den Salbeigeruch einatmest, stelle dir vor, wie die Kerzenflamme sich ausdehnt und dein Amulett mit Feuerenergie auflädt. Bitte die Göttin um Unterstützung für deine Prüfung. Dann halte das Amulett vor dein Kehlkopfchakra. Stelle dir hier eine blaue Energie vor, die dein Kehlkopfchakra mit diesem Amulett verbindet. Lege danach das Amulett an und danke der Göttin und den vier Elementen für ihre Gegenwart. Verabschiede sie abschließend wieder in umgekehrter Reihenfolge.

Dann löse den Schutzkreis auf, indem du die weiße Lichtschlange wieder einrollst wie ein Wollknäuel. Erde dich, indem du dich etwas bewegst, ein bisschen aufstampfst oder eine Kleinigkeit isst.

Trage das Amulett, bis die Prüfung überstanden ist. Doch denke daran: Auch dieses Ritual entbindet dich nicht davon, für deine Prüfung zu lernen. Es soll dir nur helfen, dich in der Prüfung gut zu konzentrieren, deine Aufregung zu beherrschen und die rechten Worte zu finden. Nach der Prüfung kannst du überlegen, ob du das Amulett für weitere Prüfungen immer wieder verwenden, ob du es als Dank opfern oder an jemand anderen verschenken willst.

*Weihe eines Amuletts für die Herzenskraft*

Unsere Herzenskraft wird leider oft gekränkt und verletzt. Daher ist es gut, wenn wir sie gut nähren und unterstützen, denn sonst schließt und verhärtet sich dieser kostbare Kanal, und der weitere Fluss der Liebe wird gehemmt und blockiert. Als Amulett für die Herzenskraft eignet sich ein Rosenquarz oder ein Wassermelonenturmalin. Die Kette sollte hier länger bemessen sein, so dass das Amulett wirklich über dem Herzen hängen kann.

Sorge dafür, dass du eine Weile ungestört sein kannst. Richte den Altar in rosa und hellgrünen Farben, mit einer rosa Kerze oder einem hellgrünen Tuch. Du kannst auch eine Rose oder einen Strauß Rosen auf den Altar legen. Stelle ferner Rosenöl für die Duftlampe bereit oder getrocknete Rosenblütenblätter und eine Kohletablette für die Räucherschale. Richte etwas Rosenwasser oder verdünne einen Tropfen Rosenöl in neutralem Öl. Wenn du das Amulett für deine Gefühle einem bestimmten Menschen gegenüber weihen willst, kannst du auch ein Bild dieses Menschen mit auf den Altartisch legen. (Verwechsle das Weihen dieses Amuletts aber nicht mit einem Liebeszauber. Es geht um die Stärkung deiner Herzenskraft und nicht um die Bezauberung des geliebten Mensches, der dich vielleicht enttäuscht hat!)

Entzünde nun die Kerze und das Räucherwerk. Halte das Amulett eine Zeit lang in den liebevollen Rosenduft. Stelle dir vor, wie sich mit dem Duft auch deine Ängste, ungeliebt zu sein, zum Himmel hin auflösen. Ziehe einen Schutzkreis um dich, indem du einen Kreis aus (getrockneten) Rosenblüten streust oder visualisierst. Dann rufe die vier Elemente mit den folgenden Worten an:

> »Ich rufe das Element Luft aus dem Osten. Komm in meinen Kreis, gib, dass sich mein Verstand mit meinen Gefühlen versöhnt. Lass mich erkennen, was die Kraft der Liebe hemmt.
>
> Ich rufe das Element Feuer aus dem Süden. Komm in meinen Kreis, lehre mich, mit dem Feuer der Liebe umzugehen. Spende mir Mut.
>
> Ich rufe das Element Wasser aus dem Westen. Stärke meine Gefühle, lass mich Gefühle der Liebe, der Trauer und der Freude akzeptieren. Komm in meinen Kreis.
>
> Ich rufe das Element Erde aus dem Norden. Lass mich gut geerdet bleiben, gib mir die Kraft und den Trost von Mutter Erde. Komm in meinen Kreis.«

Wenn du willst, kannst du nun eine Göttin um Beistand bitten, die für dich für die Herzenskraft steht, das kann Venus sein, in einer Ehe passen aber auch Hera bzw. Juno.

Lade das Amulett jetzt mit Herzensenergie auf, indem du es in das Rosenwasser hältst oder es mit dem verdünnten Rosenöl einreibst. Bitte die Göttin um Unterstützung für deine Herzenskraft, damit die Kraft der Liebe zu dir und zu anderen Menschen wieder frei fließen kann. Dann halte das Amulett vor dein Herzchakra. Stelle dir hier eine zartrosa Energie vor, die dein Herzchakra mit diesem Amulett verbindet. Lege das Amulett schließlich an. Dann danke der Göttin und den vier Elementen für ihre Gegenwart und verabschiede sie wieder in umgekehrter Reihenfolge.

Jetzt kannst du den Schutzkreis wieder auflösen, indem du die Rosenblätter in deiner Vorstellung oder in Wirklichkeit zerstreust. Erde dich, indem du dich etwas bewegst, ein bisschen aufstampfst oder eine Kleinigkeit isst.

Trage das Amulett, bis du das Gefühl hast, dass deine Herzenskraft wieder gestärkt ist. Denke bitte auch hier wieder daran: Auch dieses Ritual entbindet dich nicht davon, dich mit dem Thema Liebe in deinem Leben bewusst auseinander zu setzen. Eine astrologische Beratung oder eine Psychotherapie kann dir helfen, deine Beziehungsmuster und deine Art zu lieben, besser zu verstehen. Vielleicht fühlst du dich aus bestimmten Gründen immer zu den Menschen hingezogen, die dich gerade nicht lieben können, so dass du immer wieder enttäuscht wirst. Während du deine Herzenskraft mit dem Amulett stärkst, kannst du dir auch gleichzeitig zusätzliche Hilfe holen, um die Liebe in deinem Leben wachsen zu lassen.

## Ritual zur Abgrenzung

Hexen und Magier sind oft gutherzige und hilfsbereite Menschen. Sie wollen mit ihrem Wissen und ihren Kräften anderen Menschen gerne helfen, sei es mit einem Rat, einem Orakel, einer Wahrsagung oder mit dem richtigen Heilkraut. Dennoch kennen alle Hexen und Magier auch Phasen, in denen sie sich von anderen Menschen ausgenutzt fühlen. Das können enge Verwandte, sehr gute Freunde oder auch oberflächliche Bekannte sein, die z. B. immer wieder mit dem gleichen Problem zu einem kommen. Ermüdend wird Magie, wenn sie eine Hilfe für Personen sein soll, die eigentlich nichts an ihrem Verhalten ändern wollen. Extrem auslaugend sind alle Verknüpfungen mit Suchtkrankheiten, in denen die Helfende in die Co-Abhängigkeit geht und der Süchtige von seiner Sucht nicht lassen will. Die Co-Abhängigkeit oder auch die Sucht, gebraucht zu werden, ist leider auch in magischen Kreisen nicht selten. Wie gerne wird man immer wieder um Rat gefragt, aber wie oft sitzt man auch müde zu Hause und möchte endlich einmal seine Ruhe haben ...

Magier haben mehr Zugang zu den Kräften der Natur, so können sich dort auftanken. Wenn du jedoch an einen echten Energievampir geraten bist, kann allein ein Ausruhen nicht reichen. Diese Menschen zapfen – bewusst oder unbewusst – die Energie, Kreativität oder Lebenskraft anderer Menschen auf der energetischen Ebene an. Nach dem Kontakt mit solchen Menschen fühlt man sich oft leer, eben »wie ausgesaugt«, schlapp, energielos. Oft kann man gar nicht benennen, was diese Leute einem genommen haben. Manchmal merkt man später den Ideenklau oder den Machtmissbrauch, der stattgefunden hat, manchmal bemerkt man einfach ein flaues Gefühl in der Magengegend. Dieser energetische Austausch findet nämlich über das Solarplexuschakra statt, ein körperliches Energiezentrum im Bereich des Magens. Geübte und medial sehr begabte Menschen können in solchen Fällen manchmal sehen, wie eine Schnur von Energie von einem Menschen zum anderen verläuft.

Hilfreich ist hier die Übung, sich diese Schnur visuell vorzustellen, sie dann mit einem Schwert zu durchtrennen und die Wunde zu heilen durch eine liebevolle Visualisierung, z. B. einer goldgelben Blüte, aus der Honig tropft. Dazu später mehr.

Sonst hilft eigentlich nur, sich von energetischen Vampiren einfach fernzuhalten. Oft hilft es schon, räumlich etwas

Abstand zwischen sich und den anderen zu bringen, also ein bis zwei Schritte zurückzutreten oder den Raum zu verlassen.

Damit solch ein Energieraub nicht im Ritual passiert, wird vor der Bildung eines Energiekreises meist der Kontakt zu einer kosmischen Energiequelle hergestellt, die dann durch die Menschen geleitet und in den Kreis gegeben wird. Diese kosmische Energie kann Erdenergie sein, Lichtenergie, Sonnenkraft usw. Da von diesen Energien reichlich zur Verfügung steht, wird so verhindert, dass schwächere Menschen im Ritual Menschen mit höherem Energielevel energetisch anzapfen.

Auf alle Fälle kann die magische Handlung die Abgrenzung auf der psychologischen Verhaltensebene nicht ersetzen. Es hilft nichts, wenn du viel räucherst und visualisierst, dich aber nicht verbal abgrenzt und nicht öfter räumlich die Distanz suchst. Um das kleine, schwere Wörtchen »Nein!« kommst du nicht herum. Wenn du eine sehr hilfsbereite Person bist, wird es dir einigermaßen schwer fallen, öfter nein zu sagen, aber es ist nötig. Du hast das Recht, deine Energie für dich zu behalten, anstatt sie von anderen absaugen zu lassen.

*Vorbereitung für die Übung*

Du solltest Grundkenntnisse im Visualisieren haben, eine Visualisation selbst aufbauen können und bereits einige Rituale alleine durchgeführt haben. Ebenso ist es hilfreich, wenn du dich etwas mit der Chakrenlehre auseinander gesetzt hast. Überlege dir vorher, mit welchem Instrument du die energetische Schnur in der Visualisation durchtrennen willst. Das hängt von deiner Neigung zu magischen Werkzeugen ab. Bist du eher luft- und verstandesbetont, eignet sich ein ritueller

Schnitt mit Schwert, Sichel oder Küchenmesser. Bist du aber eher voller Zorn und Feuer, dann kannst du sie auch mit Feuer durchtrennen. Lege dir zur Unterstützung der Visualisation ein magisches Werkzeug konkret in den magischen Kreis. Unterstützende ätherische Öle für das Solarplexuschakra sind alle Zitrusnoten: Zitrone, Orange (eher liebevolle Energie), Bergamotte oder Lemongras.

Du kannst das Ritual noch unterstützen, indem du etwas wegwirfst, das dir die Person geschenkt hat und das dich mit der Person verbindet. Entsorge dabei aber nichts, was du ohnehin wegwerfen wolltest. Es sollte schon etwas sein, das du ungern loslassen möchtest.

*Dekoration*

Richte deinen Hausaltar wie immer bei kleineren Ritualen oder Andachten mit vier Elementen, lege vor allem ein entsprechendes magisches Werkzeug bereit und etwas Öl oder Körperlotion, um dein Solarplexuschakra nach dem Durchtrennen der energetischen Schnur liebevoll einzureiben.

*Ritualablauf*

Sorge dafür, dass du etwa 30 bis 45 Minuten ungestört sein kannst. Räuchere ein wenig, am besten mit einer Zitrusnote oder mit einem herben, klaren Duft (kann auch Salbei sein). Ziehe einen Schutzkreis um dich, entweder indem du ihn visualisierst oder indem du ihn mit einem Messer symbolisch ziehst.

Rufe die vier Elemente an, z. B. mit den Worten:

»Ich rufe das Element Luft aus dem Osten, stärke meinen Verstand.

Ich rufe das Element Feuer aus dem Süden, stärke meine Wut.

Ich rufe das Element Wasser aus dem Westen, stärke mich in meiner Trauer und in meiner Spiritualität.

Ich rufe das Element Erde, gib mir festen Boden unter den Füßen bei diesem Ritual.«

Dann erde dich, indem du dir vorstellst, wie Wurzeln aus deinen Füßen in den Boden wachsen und du aus den Wurzeln rote Kraft in deinen Leib saugen kannst.

Erst wenn du sicher geerdet bist und du vorher sorgfältig den Schutzkreis gezogen hast, kannst du die nachfolgende Vorstellung aufbauen.

Stelle dir die andere Person außerhalb deines Schutzkreises vor. Spüre noch einmal, welche Gefühle du für diese Person hast, vielleicht kannst du dann sehen, durch welche Chakren ihr verbunden seid. Für den energetischen Machtmissbrauch ist vor allem eine goldgelbe Schnur zwischen euren Nabeln /Solarplexuschakren wichtig. Die solltest du jetzt in der bildlichen Vorstellung aufbauen, falls du sie nicht ohnehin schon siehst – und durchtrennen. Je nach dem, was euch sonst noch verbindet, kann die Schnur tiefer liegen und ins Orangene tendieren (Sexualchakra) oder höher liegen und einen leicht rosa Glanz haben (Herzchakra). Überlege dir, ob du es schaffst, den Energiemissbrauch einzudämmen, wenn du andere Bänder bestehen lässt. Ich bevorzuge es aber, in der Visualisation alle Bänder zu durchtrennen. Das kannst du mit einem Werkzeug der Luft (Vorteil: sauberer Schnitt, verheilt gut, passt zu einer Trennung aus Vernunftgründen) oder mit einem Werkzeug des Feuers (schmerzhaftere Trennung, viel Platz noch für Wut und Groll, hat aber mehr Power) durchführen. Durchtrenne das Band oder die Bänder in deiner Vorstellung mit dem entsprechenden Werkzeug, und stelle dir genau vor, wie dein Rest der Schnur wieder in dein Körperinneres eingezogen wird.

Dann kannst du eine liebevolle, heilsame Vorstellung aufbauen, indem du eine leuchtendgelbe Blüte auf oder kurz oberhalb deines Nabels visualisierst. Lass in deiner bildlichen Vorstellung Honig aus der Blüte auf deine Wunde tropfen. Erneuere Schutzkreis und Erdung, bevor du die Augen öffnest. Reibe jetzt deinen Oberbauch liebevoll ein. Sage dir dabei, dass du das Recht hast, über deine Energie zu wachen und dich abzugrenzen.

Wenn du willst, kannst du später bei einem Spaziergang das ehemalige Geschenk wegwerfen, den Namen der Person sagen und den Satz: »Ich lasse dich los!«

Dann löse dich, verabschiede die vier Elemente in umgekehrter Reihenfolge und löse den Schutzkreis auf. Tanze noch ein wenig, wenn du willst, oder singe etwas, um aus der Ritualstimmung wieder in eine gelöstere Alltagsstimmung zu kommen. Iss unter Umständen eine Kleinigkeit, stärke dich.

*Nachbereitung*

Du musst unbedingt parallel zum Ritual die normalen Abgrenzungshandlungen durchhalten, also nein sagen, wo es nötig ist. Du kannst das Ritual mehrmals wiederholen, solltest es aber nicht öfter durchführen als einmal pro Woche. Wenn du dich nach Wochen dennoch immer noch ausgelaugt fühlst, solltest du dich durchringen, alle Bänder zu durchtrennen. Frage dich, ob du wirklich im realen Leben bereit bist, dich abzugrenzen und gut für dich und deine Kraft zu sorgen. Eventuell ist eine regelrechte zeitlich begrenzte und klar mitgeteilte Kontaktsperre nötig. Wir können nicht immer mit allen Menschen, die wir zwar mögen und denen wir gerne helfen würden, die uns aber auslaugen, eng befreundet bleiben – das ist leider die Realität.

Buchtipps zur Abgrenzung und zur Trennung aus ungesunden Beziehungen:
Karin Brandel: »Ich kann doch ohne dich nicht leben – Die Macht energetischer Verbindungen und ihre Auflösung«, Bauer Verlag 1997.
Sehr hilfreich sind auch die Bücher von Melody Beattie:
»Die Sucht, gebraucht zu werden«, Heyne Verlag 1990;
»Unabhängig Sein«, Heyne Verlag, 1990.

## Mondrituale

Mondrituale sind sehr bekannt und beliebt, weswegen viele Junghexen oft danach fragen und genau wissen möchten, welche Mondphase für welches Ritual besonders geeignet ist. Dieser Text soll euch einen kleinen Eindruck vermitteln, was der Mond in der rituellen Magie bedeutet und wie ein Mondritual aussehen könnte.

Im Allgemeinen eignet sich Vollmond für ein Fest oder Ritual der Fülle, für eine Dankesfeier des Überflusses, auch für Liebes- und Fruchtbarkeitsfeste. An Vollmond kannst du dem Mond bzw. der Mondin gut danken für die Fülle, die du erlebst.

Der abnehmende Mond dagegen eignet sich für Rituale, in denen du dir Kraft holen willst, dich von etwas zu trennen, etwas loszulassen oder loszuwerden. Du kannst den Mond in dieser Zeit bitten, dich dabei zu unterstützen.

Der Neumond wiederum eignet sich für Feste und Rituale, in denen du um Orakel bittest oder in denen du deinen dunklen Seiten begegnen willst. Du kannst den Neumond um Hilfe bitten, bevor du z. B. eine Tarot-Karte ziehst. In dieser Zeit kann leicht etwas vom Unbewussten ins Bewusstsein eintreten, was wir sonst in der Hektik des Alltags nicht zulassen. Das ist gut für Orakel und verhilft manchmal zu zwar unangenehmen, aber hilfreichen Einsichten. Der Neumond ist auch geeignet für Menstruationsrituale, in denen die Menstruation gefördert oder erleichtert werden soll.

Der zunehmende Mond schließlich ist förderlich für alle Feste und Rituale, in denen du dir Kraft holen willst, etwas aufzubauen oder etwas Neues anzufangen, das wachsen soll, das sich vermehren soll.

*Vollmondritual zur Feier der Mondenergie*

Ein einfaches Mondritual kann so aussehen, dass du bewusst den Mondaufgang beobachtest oder den Moment begehst, in dem der Mond am Abend deutlich am Himmel zu sehen ist. Guten Kalendern kannst du die Uhrzeit des Mondaufgangs entnehmen oder wenigstens einen Hinweis auf die

Mondphase. Bei Vollmond geht der Mond im Osten auf, wenn die Sonne im Westen untergeht. An Neumond ist der Mond nicht zu sehen, denn er läuft völlig parallel mit der Sonne über den Tageshimmel. Kurz nach Neumond ist die junge Mondsichel in den ersten Abendstunden im Westen zu sehen. Der zunehmende Halbmond erscheint bei Dämmerung in der Mitte hoch oben am Himmel. Der abnehmende Halbmond schließlich ist eher in den Nachtstunden zu sehen.

Dem Mond werden die Farben Silber und Weiß zugeordnet und das Element Wasser. Astrologisch gesprochen beeinflusst der Mond unsere Gefühlswelt und hat Einfluss darauf, ob ein Vorhaben eine konkrete Gestalt annimmt oder nicht.

*Ritualvorbereitung*

Du kannst beispielsweise bewusst etwas Silbernes oder Weißes anziehen, ein Silberkettchen oder eine silberne Haarspange. Außer der Farbe Silber wird dem Mond noch der Mondstein zugeordnet und das Wasser. Du kannst auch eine weiße Kerze anzünden (denn ich selbst mag keine silbernen Kerzen, die künstliche Farbe stinkt mir zu sehr). Fülle dazu noch eine Schale oder ein schönes Glas mit Wasser, und stelle es bereit. Du kannst die Kerze und die Schale auf ein weißes Tuch stellen oder eine weiße Serviette und ein Mondsymbol daneben legen.

Du kannst dich auf das Ritual einstimmen und deine Bitte an den Mond in Gedanken vorformulieren. Du kannst beispielsweise darum bitten, dass der Fluss deiner Gefühle gefördert wird, dass dir der Mond hilft, all deine Gefühle anzunehmen, denn der Mond regiert astrologisch über unsere Gefühlswelt. Du kannst den Mond aber auch um Hilfe bitten, wenn dir ein Gefühl schwer fällt, oder wenn du ein Vorhaben umsetzen willst.

*Ablauf des Rituals*

Zünde die Kerze an. Reinige dich vor dem Ritual, indem du duschst oder räuchere etwas mit einem Räucherstäbchen. Spüre einen Moment mit deinen Füßen bewusst den Kontakt zum Boden, und stelle dir vor, wie der Boden dir durch deine Füße Kraft und Halt gibt. Ziehe dann einen Schutzkreis um dich, indem du dir bildlich vorstellst, mit einem silbernen Licht einen Kreis um dich, die Schale und die Kerze zu ziehen.

Warte auf den Moment, in dem der Mond aufgeht oder schaue ihn eine Zeit lang bewusst an. Du kannst auch ein Mondlied singen oder ein Mondgedicht sprechen. Du kannst die Schale mit dem Wasser hochheben und den Mond begrüßen, wenn er aufgeht oder gut zu sehen ist.

Dein Gebet an den Mond könnte dabei wie folgt lauten:

»Silberglänzender Mond,

so wie du am Himmel wanderst, hinter den Wolken verschwindest und wieder auftauchst,

so wie du an den Sternen und Sternbildern vorbeiwanderst,

so bestimmst du das Auf und Ab meiner / unserer Gefühle.

Lehre mich, all meine Gefühle anzunehmen, so wie sie sind.

So wie du über Ebbe und Flut regierst,

so mächtig spüre ich manchmal das An- und Abschwellen meiner Gefühle.

Lehre mich, dem Fluss meiner Gefühle zu vertrauen.

Löse Blockaden von Gefühlen.

Lehre mich, meine Gefühle kommen und gehen zu lassen,

so wie du Ebbe und Flut kommen und gehen lässt.

Guter Mond,

so wie du beständig am Himmel wanderst und doch ständig deine Form änderst, ja manchmal für unsere Augen unsichtbar bist,

so lehre mich meine Pläne und Wünsche zu spüren und zu ahnen, welche konkrete Gestalt meine Pläne annehmen könnten.

Lehre mich, meinen Wünschen und Plänen eine konkrete Form zu geben oder eine einmal gewonnene Form auch wieder loszulassen, wenn sie unbeständig oder nicht mehr sinnvoll ist.

Du regierst über die Form, die unsere Wünsche und Pläne annehmen. Unbeständig wie das Wasser sind unsere Wünsche, Gefühle und Pläne, wenn sie keine Form finden, nicht gestaltet und umgesetzt werden können.

Lehre mich, meine Pläne und Wünsche auch wieder loszulassen, wenn es nicht dein Wille ist, dass sie eine Form oder konkrete Gestalt annehmen. Lehre mich, den Willen der Göttin über meinen eigenen Willen zu stellen ...«

Dann kannst du persönliche Bitten und Wünsche an den Mond äußern.

Im Anschluss daran kannst du das Wasser ausgießen (im Garten, in eine Zimmerpflanze oder eben einfach in die Badewanne) und dir dabei klarmachen, wie vergänglich unsere Gefühle sind. Sei dir auch darüber bewusst, dass du bereit sein musst, deine Vorhaben auch wieder loszulassen, so wie dieses Wasser wieder zerfließt und seine Form verliert, wenn es der Wille der Göttin ist, dass sie sich nicht verwirklichen lassen.

Beende das kleine Ritual, indem du bewusst die Kerze ausbläst und dich vom Mond verabschiedest. Du kannst dazu auch ein klassisches Mondlied singen, ich mag z. B. »Guter Mond, du gehst so stille ...« sehr gerne. Alternativ kannst du auch eine meditative Musik mit Wassergeräuschen hören. Dann löse den Schutzkreis wieder auf, indem du dir bildlich vorstellst, wie der silberglänzende Kreis um dich herum wieder verschwindet wie Nebel. Bewege dich danach ein bisschen, iss eine Kleinigkeit und kehre bewusst wieder zur Alltagsrealität zurück.

*Orakelritual an Neumond*

An Neumond stehen Sonne und Mond von der Erde aus gesehen nahe beieinander. Das heißt, die Sonne ist zwar tagsüber zu sehen, der Mond nachts aber nicht. In der Astrologie steht die Sonne für unser alltägliches Bewusstsein und für einen festen Kern unserer Persönlichkeit. Der Mond dagegen symbolisiert in der Astrologie die Nachtseiten unserer Seele, also auch unsere Träume, das Unbewusste, unsere Intuition, unsere Gefühle und Sehnsüchte.

Wenn Sonne und Mond sich so nahe stehen wie an Neumond, ist das daher aus astrologischer Sicht ein guter Tag, um ein Orakel zu legen. Denn es kann leicht zu einer Verbindung von unserem bewussten Verstand, unserem Gefühl und unserer Intuition kommen. Dabei sind tiefere Einsichten möglich – allerdings können unter Umständen auch ein paar unbequeme Erkenntnisse auftauchen.

*Vorbereitungen für das Ritual*

Überlege zunächst, welches Orakel du verwenden willst, ob du also eine Tarotkarte ziehen, in die astrologischen Gestirnstandstabellen sehen oder mit Runen arbeiten willst. Auf alle Fälle solltest du eine Orakeltechnik wählen, die du schon erlernt hast und in der du dich sicher fühlst. Außerdem sollte die Art des Orakels zu deiner Frage passen. (Manche Fragen lassen sich besser mit Tarot, manche eher mit dem Pendel, andere wiederum besser mit Hilfe der Astrologie klären.) Lege dir außerdem etwas zum Schreiben zurecht, vielleicht einen Stift und dein magisches Tagebuch. Ebenso kannst du dir eine Musik aussuchen, die dich in eine meditative Stimmung versetzt. Sorge dann dafür, dass du etwa eine Stunde ungestört sein kannst.

*Dekoration*

In die Mitte legst du ein schwarzes Tuch oder eine schwarze Serviette, denn Schwarz ist die Farbe des Neumonds. Wenn du ein Symbol für den Mond und die Sonne zur Hand hast, kannst du diese dicht nebeneinander hinlegen. Auf das Tuch stellst du eine Kerze mit tropfsicherem Untersatz. Die Farbe der Kerze bleibt dir überlassen, einige bevorzugen gelbe Kerzen, was für die Göttin der Weisheit stehen soll, oder silberne, die dann den Mond symbolisieren. Neben die Kerze legst du dein Orakelwerkzeug. Wenn du etwas Räuchern willst, brauchst du dazu ein Räucherstäbchen oder eine Aromalampe – du kannst aber auch eine Duftkerze nehmen, dann hast du Kerze und Räucherwerk in einem.

*Ritualablauf*

Räuchere ein wenig, oder reinige dich vor dem Ritual durch eine Dusche. Dann ziehe um dich und dein Orakelwerkzeug einen Schutzkreis. Das kannst du tun, indem du dich mit dem Räucherstäbchen in der ausgestreckten Hand einmal um dich selbst drehst. Du kannst aber auch einfach einen Kreis visualisieren: Stelle dir dazu zunächst hinter dir einen silberglänzenden Lichtball vor. Ziehe aus dem Ball, wenn du ihn klar vor deinem inneren Auge siehst, einen silbernen Faden, den du um dich und die Ritualmitte zu einem Kreis ziehst und hinter dir verknotest. Warte, bis du diese Vorstellung innerlich gut aufgebaut hast. – Natürlich kannst du aber auch einen echten Faden um dich legen, wenn dir das leichter fällt.

Dann rufe die 4 Elemente an. Das kann z. B. so ablaufen, indem du den folgenden Text sagst und dich in die jeweilige Himmelsrichtung drehst:

»Ich bitte das Element Luft aus dem Osten. Ich bitte die Kräfte des Verstandes, mir bei der Deutung des Orakels zu helfen. Kommt in meinen Kreis!

Ich bitte das Element Feuer aus dem Süden. Lass mich meine Frage mit Wärme und Leidenschaft an das Orakel stellen. Komm in meinen Kreis!

Ich bitte das Element Wasser aus dem Westen. Lass mich das Orakel mit Gefühl und der Kraft der Intuition deuten. Komm in meinen Kreis!

Ich bitte das Element Erde aus dem Norden. Lass mich das Orakel realistisch und lebensnah umsetzen. Komm in meinen Kreis!«

Dann kannst du dich an die Mondkraft wenden. Du kannst beispielsweise sagen:

»Guter Mond, so wie du verborgen, aber doch da bist, so ist die Lösung meiner Frage mir noch verborgen.

Aber es gibt eine Lösung meiner Frage. Bitte lass sie durch das Orakel in mein Bewusstsein treten.«

Dann stelle die meditative Musik an, und überlege dir genau, welche Frage du an das Orakel stellen willst. Wenn du die Frage innerlich klar formuliert hast, schreibe sie in dein magisches Tagebuch. Frage dich dann, welche Antworten du für möglich hältst, und ob du alle denkbaren Antworten auch annehmen würdest. Orakele nur, wenn du merkst, dass du für alle denkbaren Antworten auch offen bist!

Jetzt kannst du das Orakelwerkzeug zur Hand nehmen. Wenn du z. B. eine Tarotkarte ziehst, lass dir viel Zeit zum Mischen, bis du deine Frage in die Karte gemischt hast. Wenn du meinst, der richtige Zeitpunkt sei gekommen, hebe ab und ziehe eine Karte oder auch zwei, drei für ein kleines Legeschema.

Lass die Karte auf dich wirken. Was könnte sie zu deiner Frage sagen? Was ist auf der Karte zu sehen? Was gefällt dir auf der Karte, was ist dir rätselhaft, was macht dir Sorgen? Wenn du willst, schreibe in dein magisches Tagebuch, welche Karte du gezogen hast, und schreibe all deine Ideen und Gedanken zu der Karte auf. Bevor du irgendetwas über diese Karte nachliest, solltest du dir ganz viel Raum und Zeit lassen, eine eigene Beziehung zu der Karte zu bekommen. Wenn du willst, erfinde eine Geschichte, in der deine Frage und die Bilder und Personen auf der Karte vorkommen. Schreibe so lange, bis dir nichts mehr einfällt. Horche immer wieder in dich hinein, welche Gefühle die Karte in dir auslöst. Mache dir klar, es gibt keine guten oder schlechten Karten, aber es gibt schon Karten, die erscheinen uns einfach, und Karten, die wirken kompliziert. Lass Platz für alle Gefühle, auch wenn es Trauer, Angst oder Sorge ist. Die Karte kann dich auch ermutigen, etwas endlich loszulassen, woran du gerne festgehalten hättest – in solch einem Fall solltest du dir Zeit für deine Trauer nehmen.

Wenn deine innere Zwiesprache mit dem Orakel beendet ist, oder wenn du merkst, dass deine meditative Stimmung nachlässt, danke dem Orakel für die Karte oder das Zeichen, dass es dir gegeben hat. Verabschiede nun die vier Elemente in umgekehrter Reihenfolge, zum Beispiel mit dem folgenden Text:

> »Ich danke dem Element Erde, dass es bei mir war. Danke, dass das Orakel Gestalt angenommen hat.
>
> Ich danke dem Element Wasser, dass es bei mir war und meine Intuition angeregt hat.
>
> Ich danke dem Element Feuer, dass es bei mir war und meine Frage leidenschaftlich wichtig gemacht hat.
>
> Ich danke dem Element Luft, dass es bei mir war und meinen Verstand angeregt hat.

Dann löse den Schutzkreis auf, indem du den Lichtfaden in deiner Vorstellung oder den echten Faden wieder einrollst. Genauso kannst du dich auch mit dem Räucherstäbchen in umgekehrter Richtung um dich drehen.

*Nachbereitung*

Bewahre dein magisches Tagebuch gut auf, lies immer mal wieder darin, und ergänze deine Notizen, wenn dir noch etwas einfällt. Du kannst auch notieren, wie du real danach gehandelt hast, was du in deinem Leben daraus gemacht hast.

Wenn du kannst und willst, lass die Karte ein paar Tage offen auf deinem Schreibtisch oder Hausalter stehen, so dass sie dich weiter anregen kann. Versuche, der Versuchung zu widerstehen, sofort in einem Deutungsbuch etwas zu deinem

Orakel nachzulesen. Deine eigene Deutung, deine ersten Ideen und deine innere Antwort auf das Orakel sind erst einmal ganz wichtig. Sie würden verblassen, wenn du sofort liest, was fremde Leute zu dieser Karte oder dieser Gestirnsstellung geschrieben haben. Schlafe erst eine Nacht darüber, und lies frühestens am nächsten Tag in einem Buch etwas darüber nach. Nur so kannst du zu deinem Orakel eine persönliche Beziehung bekommen. Vielleicht hast du in der Nacht danach auch noch einen anregenden Traum zum Orakel.

Wenn das Wetter es zulässt und keine Wolken davor sind, kannst du am nächsten oder übernächsten Abend im Westen kurz nach Sonnenuntergang eine hauchzarte junge Mondsichel über dem Horizont sehen. Du kannst dir dabei sagen, so wie der Mond sich jetzt wieder zeigt, so werden sich nun auch die Lösungen für meine Fragen zeigen ...

# Schlussworte

Jetzt hast du einige Möglichkeiten kennen gelernt, wie du Rituale vorbereiten und selbst abwandeln kannst. Du hast einige weitere Beispiele von Ritualen im magischen Alltag erhalten und ein paar Vorschläge, wie du aus einem Gruppenritual ein Einzelritual machen kannst – oder umgekehrt. Wie auch immer dein magischer Weg nun weitergeht – in einem Ritualkreis oder zufrieden alleine Magie und Wicca praktizierend –, ich wünsche dir noch viele heilsame, bereichernde und lehrreiche Erfahrungen auf deinem Weg.

Lass andere ihren Weg gehen, freue dich, wenn du Gleichgesinnte triffst und ertrage es, wenn du Leuten begegnest, die eine ganz andere Meinung haben. Lass dich nicht beirren! Welcher Weg für dich der richtige ist, entscheidest nur du – und Gott und Göttin.

Sei gesegnet!

160 Seiten, gebunden
€ [D] 14,90 / sFr 26,80
ISBN 3-89845-034-1

Monika Molitor

## Wicca-Magie für Junghexen

*Mit einem Vorwort von Thea*

Willst du die Welt der Magie wirklich entdecken? Dann nützen dir keine Lehrbücher zum Besenfliegen oder Kochbücher für Tränke. Deine eigenen Fähigkeiten sind gefragt und dein Interesse am Umgang mit der Natur und mit anderen Menschen. Denn Wicca-Magie besteht aus viel mehr als nur aus dem Auswendiglernen von Zaubersprüchen. Es ist eine Art zu leben und zu denken.
Dieses Buch wird dir dabei helfen, eine Hexe oder ein Magier zu werden, den andere ernst nehmen. Es hilft dir, deinen Weg zu finden. Entdecke deine magischen Fähigkeiten!

368 Seiten, broschiert
€ [D] 19,90 / sFr 34,90
ISBN 3-89845-091-0

Ann Moura (Aoumiel)

## Naturmagie – Die Grüne Hexenkunst

In „Naturmagie – Die Grüne Hexenkunst" werden die Grundlagen der Wicca-Religion erforscht. Das Buch ist für das Selbststudium verfasst und bietet nicht nur einen hervorragenden Überblick über die Praktiken des Wicca-Kults, sondern führt auch schrittweise in eine große Palette von magischen Techniken sowie in die Grundregeln im Umgang mit der Magie ein. Grüne Rituale für die Selbstinitiation, Übergangsriten, Jahreszeitenfeste und Aktivitäten für die Festtage bieten ein perfektes Fundament zum Aufbau deiner eigenen magischen Tradition. Erlerne die Grundlagen der Hexenkunst unter der Anleitung einer Naturhexe der dritten Generation!

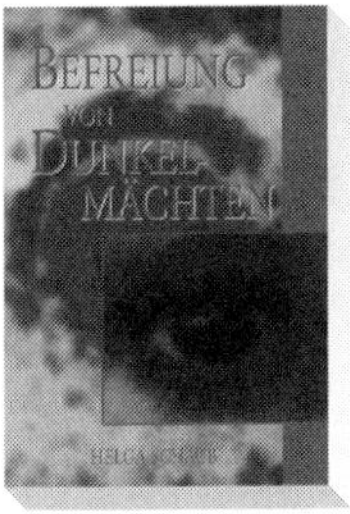


208 Seiten, broschiert
€ [D] 7,95 / sFr 14,70
ISBN 3-89845-096-1

Helga Schaub

## Befreiung von Dunkelmächten

Engel als Boten Gottes auf Erden sind seit jeher fester Bestandteil der Mythen, Erzählungen und Kunstwerke nahezu aller Kulturkreise. Dennoch leben wir in einer polaren Welt, in der gilt: wo Licht ist, da ist auch Schatten. Dieses Buch widmet sich daher bewusst der häufig vernachlässigten „anderen Seite“, den Dunkelmächten. Mit Hilfe dieses Buches lernen wir nicht nur die verschiedenen Erscheinungsformen des Bösen zu erkennen, sondern es bietet daneben ganz konkrete Hilfestellungen für Betroffene, damit diese – wie auch ihre Besetzer – den Weg zurück ins Licht finden.

160 Seiten, gebunden
mit 16 farbigen
Meditationsbildern
€ [D] 14,90 / sFr 26,80
ISBN 3-89845-052-X

Thea & A. Kopitkow

## Sterne helfen Hexen

Damit Ihre Rituale richtig wirken, müssen sie zum richtigen Zeitpunkt durchgeführt werden. Wann dieser Zeitpunkt ist, steht in den Sternen.
Thea und Alexander Kopitkow zeigen erstmals, wie sich Magie und Astrologie sinnvoll und effektiv ergänzen. Durch ihre Verbindung sind magische Kräfte und deren Wirkungen klarer zu verstehen und zielgerecht einsetzbar. Die Autoren geben Ihnen zudem praktische Anwendungsbeispiele für magische Rituale und zeigen Ihnen den richtigen Zeitpunkt für deren Einsatz.
Übersichtliche Tafeln mit den wichtigsten astrologischen Daten der nächsten Jahre machen dieses Buch darüber hinaus zu einem unverzichtbaren Arbeitsbuch für Ihre tägliche Praxis. Lassen Sie sich von den Sternen helfen!